在日本，和服是传统服装。现代社会里，人们一般很少再穿和服，但在传统庆典或者祭典的时候，还是会有不少人穿上和服。

在日本，卡哇伊的萝莉才是"正道"。

大阪具有悠久的文化历史，天守阁是大阪最著名的古建筑之一。

许多日本女子都是精于打扮的。

柔美的日本年轻女性开始流行吃内脏烤肉。

繁华的东京大都会背后，有多少人默默无闻地生老病死。

穿着和服的日本人总会成为一道靓丽的风景线。

在许多大学里，女生可谓"稀世宝贝"。

在商业街，每天都有成千上万的人去购物、娱乐。

在日本，和尚的人气剧增。

人体彩绘在日本也比较流行。

日本的象征——富士山在层层雾霭的映衬下，更显得静谧。

位于新桥的 HIGHBALL BAR 新桥 1923 酒吧餐厅。

在日本，女高中生面临着许多困扰。

在日本，《桃太郎》是家喻户晓的民间故事。

"清扫娘子军"担任着新干线列车的清洁工作。

在日本，参与办案或者上街执勤的女警愈来愈多。

曾经美丽动人的罂粟花在结果后，未成熟果实经挤压、刮磨，最后做成让人上瘾的毒品。

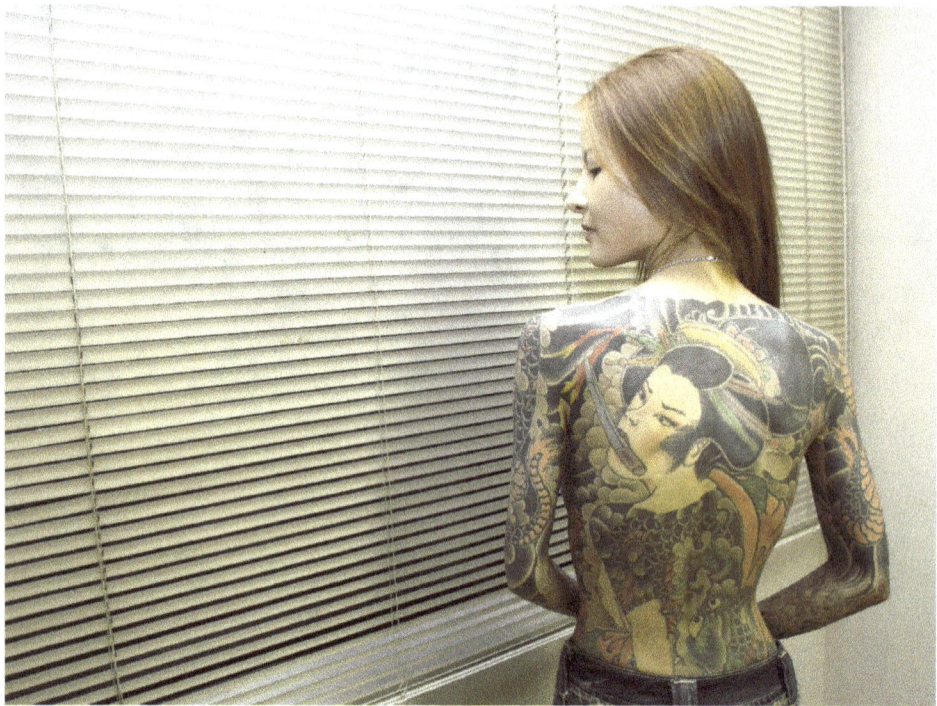

在现代日本，不少年轻女性都会去做个文身。

在一些店里，打扮妖艳的兔女郎总是会吸引男人们的眼球。

日本女子在一些特定行业或者家族企业中，发挥着重要的作用。

在日本，人们开办的将棋馆也会吸引年轻人光顾。

脱下和服的大和抚子

千姿百态的日本女性

蒋丰 著

人民东方出版传媒

东方出版社

自序
说不尽的日本女性那些事

　　屈指算来，从 1988 年自费到日本留学，至现在 2014 年，我已经在日本旅居了 26 年，超过了四分之一世纪。回望起来，的确可以用"弹指一挥间"来形容。

　　在这期间，和国内的朋友聊天时，"日本女性"总是话题之一。一般朋友常常会好奇地打听日本女性的方方面面，相处较深的朋友就会别具深意地问："你在日本多年，就没有在日本女性那里为我们的民族报一次仇吗？"现在看来，这些关注与提问，恰恰反映了我们中国人一种难以言述的"日本女性情结"。

　　可不可以这样讲？中国男性在欧美女性面前有着一种说不出来的"自卑感"，因为对方金发碧眼、身高体壮、肌肤远看白皙近看则汗毛孔放大了几圈，真的不是一个"种"；中国男性面对日本女性时则有一种说不出来的"爱怜感"，因为对方小巧玲珑，发髻高挽，身穿和服，踏着木屐款款而来，说起来"同文同种"，但别有一番风情、柔情散发出来。看看中国近代史上拥有日本妻子、情人的名人志士，我以为这种说法是可以成立的。只是，谁也不好意思明说。但对日本女性的格外关注，正是缘于此。

　　当然，如果仅仅如此认识日本女性，那就过于简单化了。近年来，我注意到一个问题：中国女足在世界足坛比赛中获胜以后，往往自称作或被称作"铿锵玫瑰"，日本女足在世界足坛比赛中获胜以后，往往自称作或被称作"大和抚子"。前者的称呼看不到民族传统、血脉的传承，只体现了一种"强"和"美"，后者的称呼则是重拾民族传统，赋予其时代的新意。

一些"哈日族"看过松岛菜菜子主演的电视剧《大和抚子》，却不知道"大和抚子"是日本女性的代名词。它既是传统日本女性的符号，也是日本女性文静、温柔、坚韧、有为的意象表现。但是，正如一些日本评论家指出的那样，1945年日本战败以后，社会上变得结实起来的只有袜子和女性。战前，日本的袜子都是线织的，战后，日本的袜子都是尼龙织的，自然结实起来。战前，日本的女性遵守三从四德，相夫教子，战后日本的女性走出家门，发生了很大的变化。把她们与袜子等同起来，可以看出日本男性的心态变化。

穿上和服，可以显露出日本女性传统的一面，那么，脱下和服呢？本书收录了我近年来写就的有关日本女性方方面面的文章，试图描述"脱下和服"的日本女性的一些"原生态"。注意，我这里用的是"试图"二字，因为我深深地知道自己不曾与任何一位日本女性有肌肤之亲，很难真实、完整地描述出日本女性的"原生态"的。

我不想说得太多了。因为我相信关注"日本女性"的中国男性和女性，在看完这本书以后，都会有自己的判断。说不尽的日本女性那些事，道不完的日本女性那些情。

在本书出版之际，我要感谢《日本新华侨报》社长吴晓乐女士。她的容貌与身材都与日本女性有相似之处，她的为人与品性则集中了中日两国女性的优点。她是本书辑录的许多文章的第一读者，当然也就是第一批评者。她从女性的角度对本书的许多文章提供了极有价值的建议。

在本书出版之际，我要感谢《日本新华侨报》的编辑记者团队。

他们帮助我做了许多资料收集的工作。我一直为有这样的一支团队感到亲切、自豪。

这部书稿在东方出版社"趴"了很久，几经转手，有些编辑提出在编辑过程中"脸部发烧"。最后，还是在总编辑许剑秋先生的拍板下得以出版。在此，我要说声"感谢"。

《日本新华侨报》总编辑

蒋　丰

2014 年 5 月 1 日于东京

目录

第一辑 日本女性的"原生态"

第二辑 日本女性婚恋与家庭

第三辑　日本女性与商业

第四辑　日本女性与社会

第五辑　日本女性与政治

第六辑　日本情色服务中的女性

第一辑

日本女性的『原生态』

日本 14 岁的 AKB48 果真"健康"？

要问如今日本最具人气的团体组合是哪个，平均年龄 14 岁的青春少女组合 AKB48 应该是当之无愧。不仅在日本，AKB48 目前大有风靡全亚洲之势。

AKB48 之所以能够达到如日中天的境地不是没有道理的，首先它新陈代谢快，每年都会进行选拔，换一次血，以新面孔呈献给大众。其次，它具有青春无敌的绝对优势，AKB48 的成员的平均年龄只有 14 岁。再次，它的成员长相甜美，俘获无数"宅男"的心。但是，就是这样一个人们茶余饭后津津乐道的青春偶像团体，笔者认为，不能忽视它对社会的一些危害。

AKB48 作为一个无可挑剔的女子偶像团体，光鲜背后有着很多值得人们深思和警觉的问题。首先，我们可以想一想，14 岁是一个什么样的年龄。14 岁时，大多数的孩子正在上初中，开始为步入高中而做积极的准备。14 岁，思想开始启蒙，对人生开始充满着各种各样的疑问，对未知的前方感到迷茫。14 岁，好奇心最旺盛，精力最充沛，学习能力最强，记忆力最好的年龄。而 AKB48 成员的平均年龄只有 14 岁！成千上万的日本少女在花样的年龄段，人生最精华、最宝贵的年龄段，被所谓的"偶像"所具有的表面光芒吸引、迷惑，中断学业参加海选，去争取那区区的 48 个成名的位子。毫不夸张地说，千千万万的少女黄金年华的牺牲，换来 48 人的昙花一现。年轻的时光，一点都耽误不得，而多少的少女为了虚幻的梦想，镁光灯下华而无实的闪耀，停止对知识的追求，中断自我内在的修养。

而登上宝座的 48 个少女又获得真正的成功了吗？娱乐圈向来喜欢年轻、新鲜的面孔。AKB48 中，18、19 岁的成员就相当于大妈级的人物，并且它的学员都会退役，退役后的 AKB48 成员又会被多少人记得？同窗 3 年，有的人连自己同班的 48 人的名字都记不住，更何况是在更新换代如此之快的娱乐圈中。不以 AKB48 身份出现的成员又能在娱乐圈里走多久？大红大紫之后，名利像烟雾般飘散，又有多少人承受得住，甘心于如此的起伏跌宕？而早已对读书没有了兴趣的成员，还能像普通人一样拿起课本吗？人们只看到了 AKB48 的现在，却懒于想象 AKB48 的未来。钱钟书说过，早熟的代价就是早衰。未来是 AKB48 对成名的一种牺牲。AKB48 的流行是对心智尚未成熟的少女的一种思想毒害，给了少女错误的引导，让无数的少女认为人生有捷径可走。

再来看一看，AKB48 作为一个偶像团体，又给社会带来什么效应？第一次看到 AKB48 为商家做的泳衣广告和拍摄的 MV 时，很多成年人都大为震撼。清纯的少女，一上来就开始"宽衣解带"，好不刺激。女人看到都会感到羞涩，男人看到这种画面，没有不流口水的。靠着泳衣和内衣为卖点的专辑，想不大卖也难。而 AKB48 的此类广告和 MV 的大获人气则是对社会色情之风的助长。轻快甜美的情歌，配上露骨的画面，给人传达了一种"为了抓住男人的心，就必须靠脱"的错误信息。多少无知的少女，看到此类效果会竞相效仿？而 AKB48 的走红，越来越验证着当今日本社会的日益低俗化和色情化。

日本"美少女文化"兴盛千余年

中日关系磕磕绊绊，中国人对待日本的情感潮起潮落，"日货"不时在激愤的民情下遭遇抵制。但是，有人调侃地说，即使最坚定的中国"愤青"，也不会把日本美少女列入他们抵制的名单。究其原因，可以说，在樱花、相扑、插花、茶道之外，"美少女"已经成为日本文化、经济、人性的重要符号。

萝莉是日本美女的王道

常接触日本当代流行文化作品的人，往往会惊异其中的美少女文化，即这类作品中充斥着各种美少女的形象和元素。她们或是作为具有特殊属性或超能力的女主角，在虚拟的时空中大杀八方，或是作为男主角身边不可或缺的重要"配搭"奔前跑后，或是作为情节、画面中引人瞩目的"重要道具"被着意渲染。她们是女学生、女忍者、千金小姐、古代公主、魔法学员，甚至其他奇怪的身份。

万变不离其宗的是，她们大多具有大大的眼睛、姣好的面容、可爱的造型、相对感性和单线条的思维模式，以及被戏称为"圣母情节"的泛滥同情心。更重要的是，她们几乎都是介乎女孩和成熟女性之间的女高中生年龄，日本称之为"高校生"。简以言之，无论动漫还是影视作品中，娇小可爱的童颜萌妹子是最大卖点。对日本美女来说，妩媚、性感都属于剑走偏锋，萝莉才是王道。只要身材娇小、童颜粉嫩、一双大眼睛如梦如雾，最好再带点儿傻乎乎的天然呆，那就是人们最爱的自然萌了。

维基百科上说，日本创世之初，父神伊奘诺尊曾言："喜哉，遇可美少女。""美少女"一词，则是来自20世纪上半叶日本作家太宰治的短篇小说《美少女》。笔者对此并无详细考证，但可以说明的是，作为日本"无赖派"文学代表人物之一的太宰治，写《美少女》这篇小说的时候，正是把自身锁定为处于"排除与反抗"时期的"市井小说家"。这种潜在的"排除与反抗"，或许构成后来日本美少女文化的潜质之一。通俗地说，美少女文化是一种用美色、异色、青春之色夺人眼球，凭此颠覆旧有观念、情感、秩序的文化。

选美推动美少女文化

日本打造美少女文化是从娃娃抓起。国民美少女大赛是日本全国性的挖掘和培养明星的权威赛事，从 25 年前开始不定期举办，近年基本稳定在每 3 年一次，参赛人员限定在 12—20 岁。2012 年的第 13 届国民美少女大赛，报名人数达十多万人。

据不完全统计，东瀛列岛拥有千余种选美比赛。从区域看，除了全国性的"日本国际小姐""日本小姐"和"日本环球小姐"三项顶级选美赛事以外，还有北方的"冰河小姐"、南方的"芙蓉小姐"等。国有国选，县有县选，市有市选，甚至两三百人的小村庄里，还有"最美村姑"评比。从年龄段看，小学里有"甜美小天使"，中学里有"最美少女"，大学里有"校花"，半老徐娘们也不甘落后，参加"美熟女大赛"。日本最有人气的偶像组合 AKB48，就由全国海选出的几十名 14 岁左右的青春美少女组成，被誉为"日本第一国民女子天团"。

让无数粉丝拜倒在石榴裙下的女星更是多有美少女，星野亚希、佐佐木希、小仓优子都是其中的佼佼者；火了十数年的"早安"少女组，每期成员都是十几岁的女孩；新近爆红的网络红人泷泽萝拉，靠着一张萝莉面孔和可爱的自拍照，成为日本的"国宝级美女"。

这种文化还一直在输出。中国香港曾流行的电影"逃学"系列，中国台湾的《流星花园》《恶作剧之吻》等"学园少女戏"，以及众多韩剧"高校戏"，都可追溯到日本美少女文化的根源，有些甚至是痕迹明显的照搬照抄。

寻找日本美少女的历史社会土壤

日本美少女文化之所以能够流行，有历史的因素，最早可以追溯到《源氏物语》（1001—1008 年）时期，甚至更早。日本古代的贵族、武士普遍蓄养大量后宫，渲染宫廷和"大奥"①生活的文学作品层出不穷，贵族、武士的家宅成为美少女聚集的场所，被传统雅文化津津乐道。这也成为苦于生计、成家立业无着落的贫民和渴望往上爬的野心家们津津乐道的话题。由于悬殊的等级制度，贵族、武士后宫的真正场景，以及美少女们的真实面目，普通人其实很难得知，因此凭想象渲染后宫场景的"俗文学"在市井不胫而走，思而不得之下，那些让美少女"走入民间"的公主落难或女忍者故事，也就成为"俗文化"里的重要章节。

一些最终爬到高位的小人物一旦有了条件，就会迫不及待地"搜集"高贵美少女的"真身"。笔者查看资料，发现一些贵族、武士的妻子多是10岁左右结婚。大名鼎鼎、出身寒微的丰臣秀吉，爬上关白高位后，便娶了许多年纪幼小、身份高贵的美少女。德川家康30岁出头就当了祖父，年逾六旬还由一位10多岁的侧室添了一个儿子。

明治维新后，日本大力推行西式教育和衣着，少女进入学校，并且以近乎统一的、水兵服变种的校服形象示人。和传统日本女性厚实严密的衣着不同，高校女生校服清新大方，"暴露"较多，容易引起男性的丰富联想。而在西化背后，日本视妇女为男性附属品的传统文化并无根本改变。妇女虽获得更多读书、就业机会，但社会仍习惯性认定其结婚后的最终归宿是丈夫和家庭。因此"制服时代"就成为青春文化甚至情色文化自由度最大的时段。

进入现代，日本流行文化的读者乃至许多作者，本身要么是高中、大学学生，要么对这个阶层的生活十分熟悉。对他们而言，将"水兵服少女"设定为幻想系文化的女主人公，既容易接受，也是最熟悉的创作元素。流行文化说到底是商品文化，既然商品的客户群和制造者都是对"高校少女"最为熟悉的群体，出现美少女文化潮流就成为必然。这和美国当代流行文化里常出现摇滚青年造型，香港 TVB 剧中刻

---

① 将军的"后宫"。

画出色的女性角色往往带有中环白领女性特质，道理是共通的。

从社会心理看，我们以往都认为日本是男尊女卑的社会，女性的社会地位低下。但是，正如美国学者埃德温·奥·赖肖尔在《当代日本人》一书中所说，"日本妇女的地位其实比日常所看到的更重要。……现代日本家庭的核心是母亲而不是父亲，起主导作用的也是母亲而不是父亲。……男孩非常依恋和依赖母亲，是日本人的一个重要心理。"这或许也是日本美少女文化的社会基石之一。

御宅族的出现、"电车之狼"的流行、独特的秋叶原文化和漫画文化，也都对这种美少女现象推波助澜。她们会改头换面，出现在架空、玄幻、情色、打斗、魔法等诸多平台，但"水兵服少女"的本质却宛然可辨。

东京女性晚育倾向日趋明显原因多

日本东京都内不仅"晚婚"的现象日益凸现，"晚育"的现象也日益严重。据日本东京都政府近期公布的统计数据，都内35—39岁生育的女性数量正在增加，2009年首次超过了25—29岁生育的女性数量。东京都40多岁生育的女性所占的比例也大大超出全国的平均水平。

据统计，2009年，东京都内的出生人数为106613人，比上年增加0.6%，实现了连续4年持续增长。从母亲的年龄层来看，30—34岁的有41124人，35—39岁27015人，25—29岁25318人。

这其中，35—39岁生育的女性数量比上年增加5.6%，超过了日本全国同年龄层平均4.7%的增幅。该年龄层女性在全体生育女性中的比例为25.3%，大大超过了日本全国平均比例的19.6%。40—49岁生育的女性的比例为4.7%，也超过了日本全国平均比例的2.9%。

日本厚生劳动省的2009年人口动态统计确定值显示，全国

35—39岁生育的女性数量为209706人，是1995年100053人的两倍多。

东京都内日益严重的"晚育"现象，是"觉悟"的表现吗？显然，这个设问是不合适的。因为日本既不采取"计划生育"的"国策"，也不鼓励"晚婚晚育"。在"少子化"时代的今天，日本政府鼓励多生，对第二胎就给予补助。我认识的一位华人女性，一下子生了三胞胎，计划让日本地方政府把孩子们包养起来。

日本共同社引用专家的分析，指出"女性就业的情况较多或许是主要原因"。应该说，这只是原因之一。女人工作忙，顾不上生孩子。在以男性为中心的日本社会，女性要和男性竞争，就必须比男人更能忍受加班加点的不规律生活。

此外，经济发达的日本，却存在着"入托难"的社会问题。日本政府没有及时采取措施，帮助职业女性解决实际的困难。相反，日本政府反而削减了用于建造托儿所的经费。而对于很多有小孩的女性来说，没有了托儿所的帮助，她们就变得更累了。结果，采取的方法就是"晚育"。

如果继续寻找原因的话，当年日本皇太子妃雅子的"晚育"，也给了职业女性很大影响，掀起了一波又一波"晚育"风潮。

更有人说，日本女性接受高等教育的越来越多，这也是她们"晚育"的原因之一。对此，我感到有点费解了：读书越多的女人，越不喜欢早生孩子？

日本大阪老太泼辣无敌爱占小便宜

一种名为"是我，是我"的诈骗方式近年来在日本很猖獗，骗子给老年人打电话装作是他们的"孙子"骗钱，但此类诈骗在大阪较少见，据说是因为大阪老太太的威力震慑了罪犯，静冈县还专门邀请3名大阪老太太出演公益广告，提醒老年人不要上当。其实，即使没有

"装孙子"诈骗这件事，大阪老太太的"威力"在日本也有口皆碑，她们服饰夸张、泼辣健谈、敢打敢拼，爱占小便宜，总之个性鲜明，很有喜感。

豹纹老太天生好战

日本有 47 个都道府县，因其历史背景、文化风俗不同，"县民性"也各异。以女性为例，京都女性古典、秋田女性美丽、鹿儿岛女性豪爽……而大阪女性在全国知名度最高的就是老太太。关于大阪老太太的研究著作很多，将她们的特征总结得淋漓尽致。比如，她们生存能力强，在日本没有天敌，极具正义感，天生好战且神通广大。大阪老太太酷爱豹纹服装，买东西绝对要砍价，拿超市促销当作战斗。自行车仿佛是她们的"战车"，她们时常无视交通规则且具有高攻击性。节约也是她们的一大特点，出门必拿免费发的纸巾，回家路上再拿一次，平时凑在一起总爱比谁的衣服更便宜。她们说话大声，一说起来起码两小时不会停，第三人称永远是"那孩子"，不管对方的年龄和身份。她们和人自来熟，口袋里永远揣着糖到处发。她们在车上抢座拿手，并且绝对不会受骗。

从好的方向理解，在日常生活中小气说明生活能力强，说话声音大、幽默可以带动周围的气氛，穿衣品味低但可以在娱乐自己的同时娱乐大众，到处发糖能够很好地调节人际关系。可以说大阪老太太在日本算是"异类"，很少有这么阳光、热情、生活感强的人群了。家里如果有这么一位老太太，会给生活增添很多乐趣。因为她们是无敌的，没有任何事能让她们情绪低落。

大阪女孩广受喜爱

此外，大阪老太太直来直去、不拐弯抹角。她们能够直面自己的内心，敢于对喜欢的东西说"是"，对讨厌的东西说"不"！而开朗的性格、旺盛的进取心、良好的沟通能力和行动力，更好像是她们在娘胎里就具备了。

在东京，说大阪方言的女孩被认为是最可爱的。在演艺界，很多大阪老太太或她们的"预备军"都很受欢迎。比如演艺界绝对的"一姐"，62岁的和田秋子。还有中国人都知道的藤原纪香，有人说她将来能成为"史上最性感大阪老太"。

商都孕育独特个性

一方水土养一方人。大阪老太太鲜明独特的个性，正是古都大阪悠久的历史与丰富的文化孕育而成的。自古以来大阪就是天下商人汇聚的"商都"。大阪也被称为"天下的厨房"。也许正是"商都"与"市井"的环境造就了大阪人的性格。比如大阪商人有一句处事训："黑心赚钱华丽消费。"老太太们把大部分的钱用来装饰自己，穿鲜艳的衣服，戴大串的珠宝，给人一种华丽却没品位的印象。商人的精明和工于算计，使大阪老太给人小气的印象。

有大阪人担心这样的老太太会让全国人都以为大阪人是"小市民"。但大阪老太太自己非常自豪，认为应该多上电视，感染更多的人。多数日本人都很羡慕她们，认为她们活得非常潇洒，这在日本很难得。

日本女性平均胸围地图风行的背后

不论是在中国还是日本，"胸狠"的女性一直是热辣辣眼球关注的焦点。不久前，北京车展被中国网友称为"胸展"，视线聚焦的不是车，而是女车模们的酥胸。同样，"胸狠"的女性，在日本也很吃得开，其关注度并未像GDP那样落在中国的后面。

在日本，素有"秋田多美女""山形女性胸围大"等传闻，到底可信度是多少呢？为此，日本媒体最近特意以全国 47 个都道府县的女性（各地 50 名，共计 2350 人）为对象，进行有关胸围的调查统计，并绘制出全国女性平均胸围地图。结果显示，关西地区女性胸围普遍比关东地区大。

更出人意料的是，这份"日本女性平均胸围地图"，甫一出炉，就在日本媒体上广泛传播，也被中国媒体广泛转载。由此看来，日本女性胸围的问题，不只是日本女性自己关注。

据"胸围地图"，日本有 18 个县的女性平均胸围在 B 罩杯，17 个县的女性平均胸围为 C 罩杯，平均胸围为 B 至 C 罩杯。从东西范围来看，日本东部约有半数地区女性都属于 B 罩杯，而日本西部则有半数都属于 C 罩杯，因此西部女性比东部女性胸围稍大一些。

从地域细划分的话，奈良县和大阪府属于 D 罩杯，岐阜县和东京都则属于 E 罩杯，中部地区的女性更加丰满。同样的调查显示，胸围多为 D 和 E 罩杯的中部女性更是有 40% 以上选择了"胸部按摩"。

其实，胸部整形在日本愈来愈流行。这张胸围地图的广泛传播本身就说明问题。此前，一项调查显示，八成以上的日本女性对自己的胸围抱有烦恼，可见日本女性对自己的胸围很看重。毕竟胸围是女性魅力的一个重要因素，能体现出一个女性的身材曲线和性感，对尤其注重外表的女性而言，胸围的型号关乎自信。

或许让女人对胸围最关注的是男人们的看法。就像女人爱打扮一样，目的往往就是让别人看，要是男人们能够夸她们几句，她们更是自信满满。

当问及日本女性"你认为女性理想的胸围是多少"和"期望自己的胸围是多少"时，回答"C 罩杯"的比例分别为 46.1% 和 60.3%，回答"D 罩杯"的比例则分别为 33.8% 和 24.2%。前一个问题向 212 名日本男性提问时，回答最多的依然是"C 罩杯"（51.5%）和"D 罩杯"（31.5%）。

理想和现实是有差别的，日本女性平均胸围为 B 至 C 罩杯之间，显然离她们的期望有距离，而离男性的期望则更远。实践则证明，"胸狠"的女性更受男性青睐，更有前途。NHK 电视台巨乳美女主播杉浦友纪，只因为"胸狠"这一项，就让电视台的收视率飙升，很多粉丝晚上半夜起床看她播新闻。

女人看重胸围，除了展示自己女性魅力的一面，博得更多男人青睐以外，胸围的附加值确实很诱人，不仅有名，还有利。这在日本经济萎靡不振、社会压力不断增大、生活竞争愈来愈强的现实语境下，成为一个"胸狠"的女性真的是意义不一样，"胸围地图"风行日本，也就不难让人理解了。

日本中年女性近八成为"早起型"

中国有一句俗话，叫作"早睡早起身体好。"日本 NTT 广告公司 1 月 12 日公布的关于早起情况调查结果显示，早起做家务、晨练的"早起型"中，30—39 岁的女性中所占比例最高，达到 78.1%，比一年前的调查增加了大约 15 个百分点，比同年龄段的男性则高出 20 多个百分点。

这次调查的对象都居住在日本东京都圈，年龄在 20—59 岁，总共为 665 人。

调查表明，早起型人数占受访者总人数的 60.2%，希望成为早起型的人数占受访者的 30.8%，属于晚睡型的只占受访者的 9.0%。从年龄段来看，早起型人数最多的为 30—39 岁的女性，其次分别为 50—59 岁的男性、40—49 岁的女性。人数最少的为 20—29 岁的男性，占该年龄段总人数的 50%。

从活动内容来看，早起型的人主要在早上做家务、购物、看新闻、收发邮件，喜欢读书和慢跑的人也不在少数。受访者列举的早起理由有"可以确保个人时间""有益健康""效率高"等。

关于早上想做的事，二三十岁的女性大多回答"想学习外语和提高技能"。日本 NTT 广告公司认为，晨间技能培训等晨练市场将继续由女性主导。

温柔日本女人缘何变身"野蛮女友"？

长久以来，世界各国流传着一种关于男人"最幸福生活"的说法：挣美国工资，开德国汽车，吃中国菜，娶日本老婆。这其中自然以"娶日本老婆"最为重要。但想着"娶日本老婆"的男士们以后可要小心了。因为日本媒体最近的一份调查报告显示，现在的日本女孩可不是好惹的，和她们谈恋爱，稍不小心就可能饱受"老拳"。

据日本《读卖新闻》报道，日本相关机构对 3000 名年轻男女的恋爱交往情况开展了一份调查。调查结果显示，约两成的年轻人在交往过程中遭受到了对方的暴力对待。其中近四成竟然是男性！被暴力对待的男性中，有"被女友打了"的、有"被女友踢了"的、有"被女友拿东西砸过"的……

尚在恋爱阶段就如此野蛮，如果真结了婚，不幸的日本男士们只怕会每日"以泪洗面"（当然，认为"打是亲，骂是爱"的男士除外）。为何一向温顺有礼的日本女性变身野蛮女友，颇有男子气概的日本男性成了"小绵羊"？或许，女性经济地位的提高，不良影视文化的影响，礼仪教育的缺失是主要原因。

日本社会的传统结构是"男主外，女主内"，男子必须承担养家糊口的重任。不过，近年来，日本"高龄少子化"问题不断严重，劳动力缺乏。日本政府开始积极鼓励日本女性出来工作，大大提升了女性的活跃度和经济收入。走出家庭开始工作的日本女性，每年都以两位数百分比递增。与此相反，由于日本经济近 20 年的停滞不前，特别是 2008 年的世界金融危机让许多日本男人步入失业行列，无法完成传统要求男性承担的责任，自然"英雄气短"，挨打也在情理之中了。

欧美和韩国的影视文化对日本年轻女孩的不良影响也不可小视。在进入日本的欧美影视作品中，各种女人打男人的情景不断出现，有微妙的也有赤裸裸的，女性殴打男性被当作喜剧看待。再加上"韩流"席卷日本，《我的野蛮女友》等韩国电影成了最好的"教材"，不少日本年轻女孩开始模仿电影中的情节，对自己的男友拳打脚踢以彰显个性，表现"独特魅力"。

最后，日本学校的个性教育过于强调个性而忽视礼仪，让不少日本女学生错误认为，动手打男生才能体现男女平等，实现女性解放。此次调查中，当被问到第一次受到暴力对待的时期时，受害男性回答"上初中时"的人有 9.4%，回答"上高中时"的人有 28.1%，回答"上大学时"的人有 32.3%。可见日本女性接受的教育程度越高就越"解放"，对男友下手的人也越多。长此以往，日本的女性精英们有望个个都"文武双全"。

还好，这项调查结果已经引起日本各方面的高度重视。"心病还需心药医"，政府为此成立了专家小组，开始为年轻人进行讲座，开展心理辅导。但愿各种举措能有所成效，让日本的"野蛮女友"们逐渐收起自己的拳头，重现"最是那一低头的温柔"。

日本女性视"搓麻男"为真爷们儿

在中日两国说起麻将，即使是一般人也肯定有所了解。逢年过节家里来客人，沏一壶茶，拿出点心，几个人能一天不动窝。在中国，大家对于经常玩麻将以至有点上瘾的人，评价并不高。很多中国电视剧里就经常有这样的情景：男人们凑在一起"搓麻"，彻夜不归。家里的老婆独守空房。男人赢钱回家还好点，输了钱女人就大吵大闹，只能边哭边叹自己跟错了人等等。男人的麻将似乎总是要和女人"悲惨"的命运联系到一起。

爱打麻将的男人真的就这么没有魅力吗？其实也未必。日本爱打麻将的男人就很受女性欢迎，特别是麻将高手，对女性而言已经是供不应求的"奇货"了。日本女性茶余饭后经常会拿他们做话题，并给他们总结了五大魅力，说打麻将的男人才是"真爷们儿"。

首先，日本女性觉得，爱打麻将的男人思维敏捷、分析能力强。可不要小看这一点，麻将可不是光靠运气才能赢钱的，它需要优秀的分析和计算能力。日本女性就是看中了这一点，如果跟了这样的男人，将来投资、买房、理财，那还用自己动手吗？等着做阔太太就好了。

其次，爱打麻将的人眼光长远，不计较一时输赢。这样的人在经商时，那就是打不垮挤不倒的"铁人"，哪怕输得分文不剩，还有衣服可以翻盘嘛！不把对手的钱都装进自己口袋里，他是不会罢休的。前期投点资算什么，只要能大把捞回来就行。

第三，爱打麻将的人谨慎，能够客观地看待事物，对于事物未来的发展方向有清醒的认识。而不像一般的毛头小子，脑子经常发热，听风就敢说有雨。这样的人，知道哪一行赚钱，哪一行不赚。日本女性认为，跟这样的人在一起，那就等于身边多了个市场分析师。自己的将来会非常光明。

第四，爱打麻将的人上进、不服输。日本女性认为这一点太重要了。她们就怕跟了懒惰、不思进取、没自信的男人。不上进，人再聪明也不可靠。年轻时还可以靠脸吃饭，老了就得靠个能赚钱的老公嘛。

最后，日本女性还觉得，爱打麻将的男人观察力强，善于察言观色，知道什么时候该干什么事。牌桌上尔虞我诈，大家经常互相放假消息。他要是能看穿这些，那绝对就是个优秀商人的好苗子，绝对不会被人骗财骗色。而且，他讨好老婆的本事肯定差不了。找个这样的放在家里，那还不把自己伺候得舒舒服服的。

从日本女性对"真爷们儿"的独特眼光可以看出，她们已经将现实利益放在了人生最重要的位置，拜金主义到了极点。她们看上麻将高手的每一个"优点"，都是在为自己能过上安逸舒适、不缺钱的生活打算。但如果她们真相信这些优点是通过"搓麻"培养出来的，则不能不说是愚蠢无比。不过，这也给有兴趣捕获此类女性的男人一个大好机会，不妨拼命把"搓麻"技艺给练一练，说不定会有很不错的收获！当然，最后还应该记住，日本人是把麻将称为"麻雀"的。攥住"搓麻男"，对于日本女人来说，犹如攥住"麻雀"一样。

东京女性经济低迷下依然浓妆淡抹

日本佳丽宝美容研究所不久前在东京、北京、上海、台北、首尔5个城市就东亚女性的生活方式开展调查。2010年12月14日下午，他们在日本外国人特派员俱乐部举行在日海外媒体记者会，公布了调查结果。

调查结果表明，目前，亚洲各国家（地区）普遍经济增长显著，日本却迟迟不能走出经济低迷的阴影。尽管如此，在经济低迷的大背景下，有些领域依然动力十足，向世界散播着日本独有的文化。例如，作为日本的代表性文化——动画片，依然在世界享有极高人气。产生于东京的漫画形象Kitty猫在世界范围内大受欢迎。大胆且独特的日本街头时尚也受到了世界的瞩目。日本女孩将"可爱"升级到"古怪的可爱"，产生了小恶魔（Ageha）、歌特洛丽（Gothloli）等个性装扮。在积极吸收欧美时尚的同时，表现方式不受世界左右，不断产生日本独特的风格。

调查指出东京女性与其他4个城市的女性不同点在于：第一，东京女性注重时髦，其他东亚城市女性注重工作。第二，东京女性倾向于温和可爱，其他东亚城市女性倾向于美丽知性。第三，东京女性尤其重视与他人之间的关系，重视表面，在意他人如何看待自己，这种意识也反映在化妆意识中。

这次调查是 2010 年 3 月和 9 月实施的，形式为网络调查。日本佳丽宝美丽研究所在东京对 468 名女性，在上海、北京、台北、首尔分别对 450 名女性进行了调查，她们的年龄在 18 岁到 59 岁之间。

十分有意思的是这项调查还在结果里面强调指出：第一，在重视时间方面，东京以外的 4 个城市选择"学习"和"工作"的女性居多，而东京女性选择"爱好"的居多。第二，在工作过程中，东京女性重视"公私两立"和"人际关系"，其他 4 个城市的女性则重视"高收入"和"自我成长"，对比是比较鲜明的。第三，在想成为什么样的人这一问题上，东京女性选择最多的是"照顾他人感受的人"，而其他 4 个城市女性选择"开朗""有女性气质"的居多。东京女性非常重视与他人的关系，而其他城市女性未见此倾向。第四，在关于被如何夸奖会高兴的问题上，东京女性选择的是"时髦""有品位"这类外观性的词汇。与此相对，北京、台北、首尔的女性选择"有工作能力"的居多。上海、北京喜欢的被夸奖词汇是"有气质"。对"可爱"这一词汇反应积极的只有东京女性，这是个与众不同的特征。在想具有的印象方面，东京女性选择"可爱"和"年轻"的也很多。第五，在化妆特征方面，化妆重视眼部是东亚各城市的共同点。但韩国首尔女性对唇部也很重视。

针对这个调查结果，日本佳丽宝美容研究所的野野村荣所长认为，东京女性的特异性源于所处社会的不同，尤其受异性间的关系影响。比如，日本在相当长的历史时期里，男性承担着抚养女性的责任，而女性的任务是辅助男性。男性雄壮伟岸、女性内敛温柔的观念根深蒂固。这种男性观和女性观虽然已经成为过去，但在潜意识层面影响深远。造成了女性不仅重视外观，还非常在意他人（尤其是异性）如何看自己的性格。这与现在东京女性希望给人以"时髦温和的形象"不无关系。

相比之下，其他城市不受旧观念影响，身处经济飞速发展的社会，她们不在乎别人的眼光、崇尚自由，希望成为"干练知性的女性"，与东京截然不同。

看看日本战争年间的女性发型

1937年10月，日本出现了一个名为"国民精神总动员中央联盟"。想想那一个年代，不用多说，也就可以知道这个组织是要干什么的了。该组织不但要求日本国民"废除享受"，到1940年又进一步"管头管脚"，具体要求废除"烫发"了。

其实，日本"烫发"的历史并不长。大约是在1935年，受外国女性和电影女演员的影响，日本社会才开始流行和普及烫发。到1939年，东京都内有850多家可以烫发的美容室，每次烫发需要10日元。这在当时，算是高价的。

上有政策，下有对策。要求立即废止烫发，无法一下子做到。就这样，"烫发"改称"淑发"或者"电发"了。"淑发"这个称呼，显然是受"淑女"的启发。一边忙着侵略他国打仗，一边还忙着装"淑女"。日本理发美容联盟也不闲着，在1940年推出"国策型淑发"。具体说来，面向家庭主妇推出了4种"贞淑型"的发型。面向青年女性推出了两款发型。一直到1943年，日本国内因为消耗太大，电力供应不足，烫发的机器被禁止使用，日本女人才开始在自家卷发了。

日本"蛇蝎美人"为何要美不要命？

日本历来就是美容化妆的大国。在东京繁忙的街道上，无论是妙龄少女还是半老徐娘，或浓妆或淡抹，成为这个"时尚之都"最靓丽的风景。经常有日本人戏言，就是自己老婆，卸妆后也不一定认得出来，足见日本女性在美容化妆上的功力之深。最近，为美到极致，不少日本女性已经开始用上了含蛇毒、蜂毒的化妆品，成了标准的"蛇蝎美人"。

据日本女性杂志 *NEWS-POSTSEVEN* 报道，日本悄悄刮起了"毒素美容"之风。含"蛇毒""蜂毒"等的美容化妆品开始成为女士们的新宠，出现在各大商场的专柜，有些美容化妆品甚至是"五毒俱全"。其中，日本人气美少女组合"早安少女"成员矢口真里和石川梨华两人，更是迷上了这种"毒素化妆品"而难以自拔。

"毒素化妆品"在润肤和护理上作用明显而且见效神速。但同时很多日本专家表示，"毒素化妆品"需要长期跟踪调查才能确定安全性，现在市场上销售的"毒素化妆品"极有可能造成使用者慢性中毒，直至死亡。不少生产厂家也毫不讳言，在产品说明上堂而皇之地印上了：本品有可能对身体造成长期损害，望谨慎选择。

然而，令人费解的是，专家的提示、厂家的警告丝毫阻挡不住日本女性的脚步，"毒素化妆品"的销售额一路飙升。为何日本"蛇蝎美女"们到了爱美不要命的地步，或许要从日本经济、文化和教育等多方面找原因。

首先，"毒素化妆品"可以让日本女性们"少花钱多办事"。在日本，高档化妆品的价位一般较高，普通的粉饼等要两万日元，睫毛膏要 8000 日元，眼影等也都价格惊人，但"毒素化妆品"因为原料便宜、工艺简单，价格只相当于同类美容化妆品的一半左右。日本经济近 20 年的低迷，让不少女性的钱袋子大幅"缩水"，价格低见效快的"毒素化妆品"自然成了最佳选择。

其次，日本女性纷纷选择"毒素化妆品"还有与大家一致、让自己合群的考虑。化妆美容原本是发挥个性的方法，不过由于文化的影响，日本女人化妆美容的目的却是为了将面貌标准化。妙龄少女短裙黄发棕皮肤、中年妇女粉脸卷发淡口红。在很多外国人眼中，日本美女都一个样。其实，这都是采用类似美容化妆方法产生的功效。看到其他人都开始使用"毒素化妆品"，不能让自己和大家不一样的想法，也促使更多日本女性加入了"购买大军"。

最后，日本女性从小就被家长教育"以最美的一面示人"。为了达到"最美"，不少女性即使充当"敢死队员"也在所不惜。在日本，由于家长们的言传身教，连小学生都有化妆的愿望，中学生整容的更是比比皆是。交换最新美容化妆情报、塑造最美的自己永远是日本女性间最大的话题。"毒素化妆品"异于其他化妆品的神奇效果，很快让日本女性找到了攀登美丽顶峰的捷径。"不求天长地久但求曾经拥有"的想法，让很多日本女性义无反顾地选择了"毒素化妆品"。

日本降低腰围标准 "肥胖女" 扩编

在日本女人圈里，流传着这样一句话："胖，在 10 岁以前是可爱的，在 20 岁以后是可怜的，在 30 岁以后是可怕的！"纵观世间，肥胖可谓一直是女人的天敌。身体过于肥胖，不仅影响美观，更伤及身体健康。不过，鉴于日本"肥胖女"队伍的不断扩编，日本肥满学会已经不得不计划降低腰围标准了。

据日本媒体报道，日本肥满学会至今将肥胖的基准确定为女性腰围 90 厘米，超过这一基准的人，被判定为"肥胖症患者"。日本厚生劳动省依据日本肥满学会的这一判断，把超过肥胖基准的人列入"内脏脂肪症候群"的检查对象。

近日，日本肥满学会指出，到目前为止，"许多肥胖指数（BMI）"超过 25 的女性，因为腰围没有超过 90 厘米，而不能接受健康检查。事实上，肥胖指数没有超过 25，但是内脏脂肪蓄积的女性也不少，这些女性容易诱发动脉硬化等疾病。因此，该会计划将女性的肥胖基准

（腰围）降至 80 厘米，凡腰围超过 80 厘米的女性，均可认为患有"肥胖症"。

长期以来，日本一直被认为是世界上肥胖率偏低的国家。日本的饮食结构与饮食习惯更成为很多国家民众学习的榜样。日式饮食以鱼类、豆类、米饭、蔬菜、水果为基础，日本人食用的分量不多，并将食物摆放在美丽、尺寸小的餐具上。日本人还信奉"吃八分饱"的生活秘诀。

传统日本料理中，每顿饭都含有极高比例的碳水化合物，比如新鲜蔬菜、米饭、荞麦面，以及豆类。而且日本人在烹调碳水化合物时不使用奶制品，也不增加额外的脂肪。碳水化合物主要存在于米饭和面条中，其中的热量占据了日本料理中总体热量摄入的 1/3。而在西方饮食中，碳水化合物却常常被看作减肥的大敌。造成这种区别的关键在于碳水化合物的质量，高质量的碳水化合物仍保留着接近自然的形态，较少被加工，这样才营养丰富，并且含有较高的膳食纤维，能在提供身体所需能量的同时促进肠胃蠕动，还容易让人产生饱足感。

不过，日本人的烹调方式越来越西化了。越来越多的日本年轻人是吃美式食品长大的。据相关资料，二战后，美军在冲绳建起了海军基地，没过几十年，当地人口的健康状况就彻底发生了改变。如今，40 岁以下的冲绳人大多是吃美式食品长大的，饮食结构中含有大量的动物脂肪，导致他们的心血管和肝脏患病率逐年升高。

据英国伦敦大学公布的一项针对"体重"的健康调查显示，在全球 22 个调查对象国中，韩国女大学生在减肥方面努力最大，日本女大学生中自认为身材肥胖的人数比例最高。日本女大学生中认为自己身材肥胖的比例最高，达到了 63%。拥有"腰"精身材是日本女性的梦想，她们已经意识到只压缩腰围标准是不够的，还需要在饮食结构和体育锻炼上下功夫。这些，对于我们中国正在和"天敌"——肥胖作斗争的女性，是不是也有一些参考价值呢？

日本拒绝"女人四十豆腐渣"的路径

世间常说"女人四十豆腐渣"。但是，在日本，有不少40岁前后的女性正在努力打破这个"定论"。最近，一批"美魔女"风靡日本。报纸、杂志、电视等各种媒体轮番介绍，家庭主妇们也疯狂追捧，热度丝毫不低于"韩流"明星。而所谓的"美魔女"就是指那些40岁前后，人生过半仍然保持着年轻美貌的女性。

当被问及保持美丽的秘诀，她们异口同声地回答"饮食平衡"。在尝试了吃药、抽脂甚至手术等各种"魔鬼式"减肥瘦身后，日本这批"美魔女"们已经走在了正确的大道上。

11月1日，东京某公司39岁职员松村纯子站到了"国民'美魔女'选美"决赛的舞台上，她笑容满面地表示"知道了我的实际年龄后，很多人都很吃惊"。松村介绍，自己非常注重日常膳食的营养平衡，早餐是糙米片、水果、坚果加豆乳；中午自带盒饭，主食是杂粮米饭；晚上常吃煮蔬菜和鱼等。她不吃甜点零食，多咀嚼，做菜只用无农药蔬菜。松村说，改变饮食习惯的契机是两年前丈夫检查出高胆固醇，"为了丈夫改变膳食结构后，我自己也变得更健康了，皮肤变好了，色斑也淡了"。

同样闯入决赛圈的门屋祐美说自己尽量少化妆，每餐都注重红、黄、绿等食物搭配，实际上她在37岁的时候曾因患子宫癌切除了子宫。门屋祐美说，"我参加这样的比赛，就是为了让自己活得更有光彩。生病以后，我的饮食和生活方式都发生了改变"。

考究起来，"美魔女"一词是日本时尚杂志《美STORY》创造的词语，意指40岁前后"像被施了魔法一样"，依旧看上去年轻又有内在魅力的女性。策划"美魔女"选美活动的该杂志负责人认为，近一年来，特别是"3·11"大地震以后，认为改善饮食比用昂贵化妆品更能保持美丽的观点渐成潮流。应读者的需求，该杂志还推出了饮食生活特集。

那么，究竟是什么让这批日本"美魔女"横空出世，成为社会一道靓丽的风景线呢？

首先，这是日本社会开放的一种结果。现代社会赋予女性更多的权力。由于物质水平的提高和信息传播的扩大，社会心态日趋开放与活跃，女人逐渐从传统女性的"家本位"走向"个体本位"，更加懂得如何去爱自己，她们乐于尝试个性化的生活，放胆追求属于自己的美丽和幸福生活。即使是一直以家庭和子女为生活重心的中老年女性，也重新拾起曾经的梦想，去探索自身更大的突破，去发掘年轻的奥秘。她们有的加入了合唱团，有的穿上了迷人的舞鞋，有的拿起摄像机踏上了旅途……

其次，这是日本女性追求健康的一种心态。对于女人来说，美丽是心态与容颜两方面的和谐统一。当女人拥有了敢于不断探索新鲜和享受变化的心态，她也就有了挑战岁月痕迹的资本和行动能力。日本"美魔女"代表——雅子亲身诠释着年轻美丽的真谛。她出生于1968年，是两个孩子的妈妈。在日本举办的"美魔女"千人海选中，雅子凭借着宛如豆蔻少女的肌肤与容貌脱颖而出，一举成名。时间仿佛在她身上静止了，时尚甜美的她赢得了"不老仙妻"的美誉，从而成为日本"熟女"们的偶像。雅子的年轻秘诀，便是每时每刻都保持年轻积极的心态。年轻与年龄并不冲突。年轻是向上的动力，是旺盛的好奇心，是纯真，是执着，是求新求变，是永不言败。

最后，这是日本平衡饮食结构的一种表现。女性们在尝试了各种起效神速却难以持久的减肥方式后，总算发现了永驻青春的王道：健康的饮食结构。年龄越大，内在的调养越重要。体内营养的丰富与均衡，能让女性重新找回最佳状态。只有尊重身体的自然规律，均衡调节体内养分，滋养身心，才能真正留住青春。

女人二十岁活力，三十岁优雅，四十岁从容，五十岁丰富……无论处在什么年龄、什么季节，只要充分利用社会赋予的权力，保持健康心态并平衡饮食结构，时刻都能散发出她们所处年龄应有的光彩。这，应该是日本"美魔女"给我们的启示。

日本美女们为何易患"丑陋恐惧症"？

当今社会，整形美容手术已经相当普遍，也渐渐为公众所接受。在一般人的印象中，想通过整容变成"白天鹅"的女性，即使不是"丑小鸭"，也肯定长相普通。但在日本，可能要换个角度看问题了。

日本《现代周刊》近日走访了东京都内9家整形美容医院，发现了一个奇怪现象——来这些医院整形美容的女性，不仅不是"丑小鸭"，大部分未整容前还是标准意义上的美女。

26岁的加藤惠美就是她们其中的一员。她最先是割双眼皮，为了追求"脸部平衡"，便又去隆鼻。日本最近流行小脸，她又接受了削颚骨手术，上下左右臼齿各拔2颗，共拔去了8颗牙齿来完成小脸愿望。为了这张脸，她已经前前后后花费超过1000万日元（大约76万元人民币）。

加藤惠美说，从大学毕业开始她就感觉自己长得很丑。那时候还不太了解整形美容技术，她不管是在电车里还是在巴士上，总是感觉自己是所有人中长得最丑的，连头都不敢抬起来。此后，她从杂志广告上看到了美容整形的广告，感觉到自己有救了。她觉得通过美容整形手术的帮助，她可以将相貌变得和普通人一样。加藤没有表示出任何整形是为了变成美女、为了交到好男朋友的想法。她始终认为，整形只是为了把自己从一个"丑鬼"变成"普通人"。

然而，当媒体记者看到她在没有整容前，获得大学"校园皇后"称号拍摄的照片时，吓了一大跳，加藤惠美完全称得上是"绝色美女"。

其实除了加藤惠美这种民间美女以外，日本影视圈很多"梦中情人"级的女影星也频频出入整形医院，将上天赐予的自然美颜整成各种"奇形怪状"。而她们的理由大多都是"自己太丑了，就想变成个普通人"。为何在外人眼中秀色可餐的天然美女们，最后却无视周围大多数人的眼光，认为自己就是"丑小鸭"呢？

不少人认为，她们口头上"想变成普通人"的理由，都是面子上的话。然而，这或许是她们的"心声"。

东京大学心理学教授原岛博指出，人对自己相貌的认知是由各种因素来决定的。身体健康、生活富裕、对未来充满希望的人群，即使长得很普通，他们也从内心认为自己相貌堂堂。反之，即使长得再美，如果生活中充满着各种不安定因素，人也总觉得自己长得很丑或正在变丑。在"高龄少子化"不断加速、经济持续低迷的情况下，日本民众对自己的工作、生活、健康充满着不安。这导致很多日本民众患上了"丑陋恐惧症"，日本美女们也不能例外。许多人觉得只有通过改变外在形象来保持自信，甚至于恢复健康，整形在日本社会实际上已超越了美的范畴。

再从日本美女们自身来看，内涵的不足让她们无法对自己产生真正的"美意识"，才会寄希望于通过整形去弥补。在物欲横流的日本社会里，少女们嘴里的话题早已不是国家、社会或未来。她们每天交换着各种时尚信息和明星情报，真正需要的知识却被她们置之脑后。日本文部科学省最近发布的《2011 年日本高等教育情况报告》显示，攻读硕士及以上课程的学生中，日本女性的比例已经降至 11% 的历史低点。如果不是外国女留学生充门面，日本的各个大学院恐怕早成了"少林寺"。而日本大学女生的情况也好不到哪里去，她们中的很多人在意的不是如何在学业上多拿几个 A，而是如何从男同学中"捕获"如意郎君。此种氛围下，这些腹中空空的日本美女们走上社会才发现，该懂的都不懂，该学的都没学，甚至连普通人也不如，成了标准的"花瓶"。她们自然没法从内心认同自己的"美"。

然而这些日本美女们依靠整形去弥补"不足",显然是误入歧途,只会陷入无止境的恶性循环。毕竟,内在的欠缺,不是靠在脸上动几刀就能解决的。

日本女性狂吃内脏烤肉减压带美容

最近,柔美的日本年轻女性兴起大吃内脏烤肉热。不信,你到东京池袋车站转一转、看一看,那里已经成为内脏烤肉餐饮店的"激战区"。客人大多是二三十多岁的年轻女性。一位店主说,"这种情景在几年前是不可想象的。"

2008年冬季,日本新潮社出版了作家佐藤和歌子的散文集《闷头吃内脏烤肉》。据说,该书成了引发"女性烧烤热"的因素之一。作者佐藤和歌子喜好吃内脏烤肉,因此时而独自一人,时而呼朋唤友一起探访了多家烧烤店。书中不仅有餐馆介绍和用餐感想,而且还轻松记述了和店员们的交谈以及点菜时的秘诀等。

日本共同社的报道指出,"内脏烤肉"在日本曾被认为是"大叔"们才喜欢的食物,但现在一些女性却也很爱吃。电视和杂志注意到这一点并进行了宣传,有些人在博客上干脆"表白",写道"我也爱吃内脏烤肉"。

但是,也有不同意这些说法的。最新出版的《信使周刊》就指出,内脏烤肉卡路里比较低,有利于美容美肤,还可以减肥。同时,内脏烤肉价格比较便宜,也容易为女性接受。

《信使周刊》认为,日本女性这种争吃男性喜爱的内脏烤肉的现象,变相地反映出她们有一种希望减轻职场压力的渴求,她们想和职场男性平等,"虽然在工作上还不可能,那就先在饮食方面做到平等"。

这样说来,吃内脏烤肉,可以减压,可以美容,还价格便宜,怎能不受日本女性欢迎？

只是，这种猪、牛的内脏，在我们中国都叫"下水"，记得过去上野附近专门有一条街卖这些"下水"，客人大多是在日本的华人。怎么如今"下水"改称"内脏烤肉"之后，就会受到日本女性如此欢迎呢？看来啊，商品还真是需要"包装"的。

日本小学女生悄然流行美容整形热

谈起日本小学女生，人们脑海里会出现"背着红色书包""梳着小辫子""穿着短裤参加运动会"等"卡哇伊"形象。但是，最近出版的日本《新潮周刊》指出，"这些，都已经是昔日的形象了。今天的日本小学女生中，不仅流行着色情读物、援助交际，还出现了'美容整形'之风。"

报道指出，一家美容外科医院的网页上挂着一个 12 岁的小学女生在成功接受了双眼皮手术后写来的感谢信，还有"在本院美容的孩子最小为 7 岁""许多中学生和小学生都愿意到本院'容貌一新'"等宣传性的介绍。另外一家有名的美容外科医院介绍说，"到本院整容的小学女生，90% 的是做双眼皮，8% 的是切除痦子，2% 的是做脱毛"。

日本小学女生接受双眼皮手术的动因之一是"追星"的结果。有的小学女生把自己喜爱的明星图像从杂志上剪下来，拿着到医院要求医生也给做出这样的双眼皮，有的则干脆对医生说，"就给我做成歌星滨崎步那样的双眼皮吧。"当然，也有的母亲婚前做过双眼皮手术，生下孩子后父亲问道："为什么你是双眼皮，女儿却是单眼皮呢？"于是就带着女儿来做手术。还有的母亲自己是"追星族"，希望女儿未来也能成为一颗新星，把做双眼皮当作了第一步。

据介绍，由于现在的女孩子发育得比较早，上游泳课穿上泳装的时候出现走光，就出现了到医院要求做脱毛手术的孩子。还有的女小学生到医院做鼻毛、腋毛的激光脱毛手术。

更有这样一个例子，可以看出这股"热"正在剑走偏锋。一个小学 6 年级的女生自己来到美容整形医院。当医生问她："妈妈呢？"她的回答是："因为有急病住院了。但是，我手里有妈妈签字的《同意书》。"医生一看，这是一张普通的信纸，上面用平假名歪歪扭扭地写着同意的内容，一看就知道是假的。接着，医生把这个女小学生训斥一顿，赶出了医院大门。

日本小学女生的这种美容整形现象已经引起了社会有关方面的关注。报道转引日本美容医疗协会常任理事西山真一郎的访谈，指出造成这种现象的原因有三。第一，自然是一些孩子自己"追星"的结果。第二，是一些家长把孩子的单眼皮等扩大化、妖魔化，使孩子为了博得家长的喜爱而做手术。第三，就是一些医院为了盈利在拓展这方面的业务。日本大学法科大学院教授板仓宏则指出，强迫孩子接受美容整形手术的行为不仅仅触犯《防止虐待儿童法》，有的还会构成伤害罪。发生了这种行为后会被判处 15 年以下有期徒刑或者 50 万日元罚款。

日本灾区女性的振作竟从口红开始

英文中有一个词组叫作"Lipstick Effect"，意为"口红效应"。20 世纪 30 年代美国深陷经济危机，在大萧条中口红的销售却逆市上涨。即使身处经济危机，人们对于拥有奢侈品的欲望也依然存在。但是，由于无力购买高级汽车以及进行高消费的娱乐活动等，于是转而选择购入价格相对较低的非生活必需品以寻求心理满足。这就是"口红效应"一词的由来。1929—1933 年的经济大萧条时期，美国工业生产总值锐减一半的情况下，化妆品的销售额却有所增加。还有报告显示，2001 年美国"9·11"事件发生后，口红的销售量也出现了上升。

据日本佳丽宝化妆品美容研究所的报告显示，日本"3·11"大地震以及福岛核电站危机刚刚发生时，日本东北地区的化妆品销售一度大幅滑落。但是仅仅两个星期之后，化妆品的销售就开始回升，在震灾发生两个月后就恢复到了地震前的水平。而这其中，销售情况最好的就是"口红"。无独有偶，1995年阪神大地震发生后，口红的销售情况也同样良好。

金融危机和自然灾害之后出现的良好的口红销售态势，由于背景和时代的不同而无法进行直接比较。如果从日本的化妆文化的视角来审视，不难看出日本女性独有的心理特征。对于日本女性来说，化妆是生活中必不可少的一部分，"化妆"不仅仅是将自己装扮美丽的一种方法，还是仪表修养的体现。同时在人际关系的构筑方面，起着重要的作用。

与花费较多、耗时较长的彩妆等手法相比，口红可以非常简单地展现出生动的表情。对着镜子简单一画，表情瞬间生动，心情也自然变得明朗起来。这应该是震后日本东北地区的女性优先购入口红的原因之一。

早在2007年，日本脑科学家茂木健一郎教授与佳丽宝化妆品公司共同进行的脑科学研究也可以印证这一点。该研究结果表明，涂口红可以使脑活性化，促使女性更加积极地投入到社会生活中。对于大地震后的日本女性来说，一支口红或许让她们忽然意识到自己是个女人，从中找到振作的动力，成为从痛苦中走出来的某种契机。

化妆就如同测量日本女性活力的晴雨表，而口红就是晴雨表中的"指针"。日本2011年的大地震与核危机带给整个日本社会强烈的不安感，其间日本女性选购口红的特点倾向于"柔和、平和"。这种自然的口红给人以内心安宁的感觉。从中不难看出，日本女性在大灾过后寻求安心、安宁的心理。

进入2012年，虽然电力供应不足、提高消费税的争议以及经济危机等各种社会问题让消费者背上了沉重的包袱，但口红销售回暖的迹象已经显现。春季日本流行的口红则是凸显色彩的华美风格，多推崇粉红色等充满活力的色彩，似乎融入了女性对于日本尽早恢复往日活力的期待。

由此可以看出，一支小小的口红能折射出日本女性的心态，反映出她们对未来的判断和在社会生活中的"活跃度"。相信当日本真正走出困境恢复活力时，日本女性唇上的口红又会变换全新的颜色。

日本家庭主妇流行结交"狗友"

日本家庭主妇不甘寂寞。最近，她们当中开始流行结交"狗友"之风。因此，家庭中也就经常出现妻子对丈夫说"今晚我要去和'狗友'喝一杯"的请求。

据说，这种"狗友"相聚喝一杯的事情，一般是一个月一次，通常会选在星期六的夜晚。其实，所谓的"狗友"，就是每天领着狗散步相聚在公园里面的家庭主妇们。

一位家庭主妇介绍说，参加喝酒聚会的"狗友"都是家庭主妇。这里面有20多岁年轻的主妇们，也有50多岁甚至都有了孙子的主妇们，核心人物则是40多岁精力旺盛的家庭主妇们。

"三个女人一台戏"，这些家庭主妇"狗友"凑在一起，主要的话题当然就是自己的宠物——狗了。除此之外，就是日常生活，比如怎么带孩子啦、怎么让孩子上好学校啦、怎么照顾老人啦、医院的好坏啦，等等。有一点与中国家庭主妇们相聚不同，就是这些"狗友"主妇们凑在一起，很少说老公的坏话。

日本经济记者永井隆介绍说，日本有些"居酒屋"看准了这个商机，专门招揽"狗友"聚会，还给出一个优惠的价格，从而导致"狗友"群越来越大。

嗯，这种"酒家"助推日本家庭主妇交友新模式的"商法"，有意思！

日本女人用"音姬"掩饰不自信？

中国古代社会将资质才艺俱佳、令人心驰神往的女子称为"姬"。大诗人李白就不仅有"笑入胡姬酒肆中"的体会，还有"吴姬压酒劝客尝"的感受。或许是同源同文的缘故，一直到现在，日本社会的年轻女子还被美誉为"姬"。当然，在日本古代社会，由于等级观念，一般百姓的女儿是不能被称作"姬"的。

为保持自己美好的形象，日本女性可以说是下足功夫。化妆、美容、整容，各种新花样层出不穷。有些人，甚至在结婚后不肯在丈夫面前"素颜"，一定要在丈夫起床前化好妆，在丈夫入睡后再卸妆，真正做到起早贪黑。不化妆不出门，已成为上班族女性的业务要求，理由也堂而皇之，是为了对客户的尊重。

久而久之，日本女性养成不以真面目示人的习惯。除这些外表上的"善意的谎言"外，在待人接物、说话办事上也习惯遮遮掩掩。后来发展成不只对男人，连对女人也开始搞神秘。日本的女厕所里就藏着一个女人间的秘密。很多男性都很不解，为什么女人需要这个东西；女性则会反问，"难道男厕所没有吗？"

日本人一向认为厕所是"污秽的场所"。因此，日本家庭里的厕所与洗澡间不像中国一样通常是建在一起。既然是污秽场所，日本人就尽量用壁画、芳香剂、干花、五颜六色的马桶坐垫等等，将其装饰成美轮美奂的地方。日本社会还流传着这么一句话，看一个饭店或酒店质量好否，自己去上一趟厕所就知道了。

有数据统计，日本女性在进入"污秽的场所"时，平均要冲水2.5次。她们这样做除了防止气味之外，更重要的是为了让冲水的声音掩盖她们如厕的声响。众所周知，日本 TOTO 公司为此发明 "音姬" ——一个很小的消音器，只要按下按钮，方寸之地内便会水声汩汩，女性们就可以无所顾忌地 "方便" 行事。

据报道，1988 年，TOTO 公司发明 "音姬"，本意是为了节约用水。1978 年，日本九州福冈地区遭到大旱，用水极其困难。但日本女性在厕所里冲好几次水的习惯却没有改掉。在 "音姬" 普及到全国的女厕所之后，松下电气公司又进行了一次实验，得出了 1516 个 "音姬" 每年能节省 6400 万日元水费的结论。

"音姬" 由日本人发明出来，据说也只在日本才卖得动。外国人在日本的厕所里都会非常惊讶，为什么日本男性喜欢比赛谁撒尿高，日本女性却要把这一行为给掩盖起来呢？其实这也情有可原，日本女性上厕所往往要花费很长的时间，让等在外面的人听到自己的 "大珠小珠落玉盘" 的声音，实在是感到难为情。

"小啊！" 小小的日本，许多公共场合为节省空间，往往让男女客人共用一个厕所。这就引发了一个现象：一些男性客人上厕所时，发现里面还有自己不曾见过的 "音姬"，有的拿出手机拍个照，把本来在隐秘空间的隐私事情公开了，有的还忍不住要试一下它的功能，脑子里乱七八糟地幻想些什么谁也说不清楚。

看起来，日本发明 "音姬" ——女性厕所消音器，既有节约用水的功能，又起到遮盖尴尬的作用，同时还可以掩饰女性在 "男强女弱"社会中的一种 "不自信"。实际上，发明家未必想到这么多，从好的方面说，或许是为了维护女性更加美好的形象；从差的方面讲，不过是将女性自然现象神秘化的一种龌龊！

日本女性 "光臀族" 扩编的社会诱因

据 RecordJapan 网站最近报道，某被褥生产商对日本人入睡时间的调查显示，大约有 1/3 的日本人会在零点准时就寝，有 2 成人习惯裸睡，其中男性中喜欢裸睡的人仅占 8.8%，而喜欢裸睡的女性则高达 30.6%。

其实，裸睡在日本有着光荣的传统。裸睡派在日本又名"光臀族"。20 世纪 80 年代初，日本形成了全国性的"光臀族"，之后裸睡开始备受推崇。在日本，裸睡也一直为睡眠问题研究所专家所推崇，更有爱好者在网上建立了"裸睡俱乐部"，畅谈自我保健心得。

追究起来发现，日本人的"裸睡"习惯，发端于美国。20 世纪 70 年代，美国的一些家庭已经时兴裸睡。后来，传至日本，并被日本的很多民众接受，尤其是日本的年轻女性，更是对此青睐有加。在日本京都还建立了日本"女性裸睡者俱乐部"。

"我睡觉时只穿 CHANEL NO.5（香奈尔 5 号香水）。"这是 20 世纪最性感的女人玛丽莲·梦露当年对媒体关于她穿什么睡觉的回答。这句话现已成了日本"女性裸睡者俱乐部"的主题口号。研究裸睡问题的日本北海道医生丸山淳指出，"裸睡能减少衣物带来的束缚感，让人从被捆绑一天的感觉中解放出来，利于提高睡眠质量。"

据调查，青睐裸睡的日本女性，年龄在 20—35 岁，大多已经结婚，且都有着较高的经济收入。年轻、已婚、在职是这些"光臀族"的特征。简言之，这些女性面临着巨大的家庭和工作压力，这恰恰是她们选择当"光臀族"，保障睡眠质量的原因。

日本一家研究机构发布的对韩国、日本、菲律宾等 13 个亚太国家和地区的男性和女性社会经济地位的调查结果显示，日本女性的成就指数排在最后一位。据报道，女性成就指数是以女性就业率、担任管理职位比重、高等教育比率、收入水平等四个指标综合评价得出的结果。

虽然，日本女性的地位不断提高，但男女之间仍然存在着相当大的差距，男女作用分担意识依然很强，对女性的传统偏见依然很重。

在企业工作的日本女性绝大多数是从事事务性工作或辅助性业务。能够发挥她们专业知识、专业技术水平以及发挥其创造性能力的机会仍很少。

女职员的平均工资要比男职员低得多，通常仅相当于男职员的百分之六十几。若要获得同样的薪水，日本女性则要付出更多。日本女性要面对激烈的职场生存竞争。同时，她们还要照顾好家庭，扮演好家庭角色亦很重要。

日本女性闯荡职场，所要承受的压力，显然比男性要多。日本男性主要是工作压力，是家庭生活中的主角，家庭事务往往要由女性承担。而那些在职场打拼的女职员，回到家还得服侍丈夫，照顾孩子，压力大增。这是日本女性比男性更愿意当"光臀族"的原因。

当"光臀族"可以减压、可以提高睡眠质量、可以保健，自然会受到已结婚的职场女性的青睐。随着日本女性接受高等教育和进入职场的人数愈来愈多，"光臀族"不断扩编，乃是情理之中。只是，不知道这个风潮是否也会传进中国？

日本女性流行温泉混浴"秘汤热"

最近，日本共同社报道指出，"各地的混浴温泉开始越来越考虑女性的需求。可以裹着浴巾泡的温泉以及出租从膝盖到胸部的'入浴装'的设施不断增加。写有'可以裹着浴巾'项目的温泉手册也在陆续出版。"这番话，看起来有些不明不白。其实，说白了，就是日本的温泉重新流行起男女混浴，与以往稍有不同的是，就是女性可以穿着"入浴装"来混浴了。

过去，日本一些温泉为了顺应"形势"，按照时间带分成"男用"和"女用"，然后在晚上9点以后可以混浴。但是，温泉的水量毕竟是有限的，一些温泉的老板为了保证高品质的温泉供水，认为与其勉强地分为"男用"和"女用",还不如恢复混浴。谁料,这种复古的方式,受到了日本女性的热烈欢迎。

共同社报道指出,位于日本长野县松本市白骨温泉的旅馆"泡之汤"是露天的混浴温泉。裹着青色浴巾的两名20多岁女性在温泉入口处兴奋地对记者说"简直像在烤暖炉"。这里的温泉以及可以饮用的优良水质受到游客的欢迎。家族5个人一起前来的大阪游客说:"我们家人可以在这里一起泡温泉,真的很有魅力。"

据旅馆老板小日向真纪子(54岁)向记者介绍,最近利用泡温泉的空闲在旅馆上网工作的单身女性变多。考虑到这种女客人的心理,旅馆特意选择了浴巾的颜色。"因为白色和粉红色无论如何都会吸引到男士的注意,所以选择了能融入背景的青色"。日本秋田县仙北市、乳头温泉乡的"鹤之汤""妙乃汤"的混浴温泉也很受女性欢迎。所用的浴巾都是在温泉里不醒目的茶色。

日本女性为什么会重新喜欢混浴温泉呢?走遍日本国内外混浴温泉的温泉作家山崎真由美(39岁)说:"大约从5年前开始流行'秘汤(神秘的温泉)热',对泉水质量要求甚高的行动派女性有所增加。为了能享受到优质温泉,混浴是必然的选择。"

还是刚才那句话,源泉流出的量是固定的。如果将浴池分为"男用"和"女用"则需要大量的泉水,就必须加水、循环再利用,甚至要造假。所以理想的"100%泉水"多是混浴温泉。

日本青森市的旅馆"酸汤温泉"在2005年成立了"守护混浴之会",目前拥有1.2万名会员。女性专用浴衣是稳重的灰色。这家旅馆介绍,从2009年开始裹着浴巾泡温泉的男性迅速增加。旅馆温泉疗养咨询室的成田晴子说:"即使都是男性可能也会害羞。也许是因为不知道澡堂的人越来越多了吧。"酸汤温泉允许穿专用浴衣但是禁止裹着浴巾泡温泉。由于还没有男性专用浴衣,所以正为男性的这一需求感到伤脑筋。

不久前，我去日本山梨县富士河口湖观光区采访，那里的一个温泉老板和我聊起混浴的事情，他说："在日本，男女混浴本来是很正常的事情，这也是日本文化的特色之一。就是因为日本总想成为国际大国，受西方的影响，才渐渐减少了混浴。我这里现在就恢复了温泉混浴。不过，我觉得真正不文明的是中国男性游客，他们总是直眼盯着混浴女游客，自己进入和离开温泉的时候，也不懂得用毛巾遮挡着前面。"

听后，我告诉他："我一定会写文章的，劝今后到日本温泉的中国男性游客，多用余光！"

日本少妇选黑色乳罩"绝杀"男人

中国古语有云，"食色，性也"。只要是正常的男人，说对女性内衣完全不感兴趣，那纯属自欺欺人。无论是中国男人，还是日本男人，私底下谈起女性的内衣，马上就可以展开一场热烈的讨论。最近，世界知名的黛安芬内衣公司新鲜出炉了一份"女性胸罩颜色报告"，大大满足了男人们的好奇心。

该报告称，女性选择最多的胸罩颜色是粉红色，占到 35.5%；排在第 2 位的是黑色，占到 21%；棕色排在第 3 位，占 17%；第 4 位是白色，为 10%；青色以 4% 排在第 5 位。日本一家内衣公司调查统计：年龄不同，区别也很明显。粉红色是 15—19 岁少女的最爱，以超过50% 的"佩戴率"荣登榜首。而春心萌动的 20—24 岁女子则最讨厌棕色，选用率只有 1%，明显表现出对棕色的厌恶感。但过了 40 岁，棕色又开始走俏，选用率大大增加。最让人感兴趣的是，30—34 岁的女性中，黑色是胸罩的首选颜色，成了少妇们"绝杀"男人的"秘密武器"。

可以这样说吧，少女时代，女性的肤色光滑剔透，戴上粉红色的胸罩能让少女们更加娇艳性感，吸引更多男人的目光。而一旦过了 30 岁，女性的皮肤就明显不行了。黑色之所以成为丧服的颜色，就是因为这种颜色拥有"和谁都配"的特点。30 多岁的女性选用这种颜色，说明她们已经在内心深刻感觉到，自己已经不是小孩了……女性普遍在 30 多岁就能感觉到自己身材走形。那么，这些可怜的女人怎么办？黑色胸罩给了她们强力的支撑。

黑色兼具朴素和性感两种特征。从性感上说，女性戴上黑色的胸罩，能很快勾起男性的欲望。从朴素上说，这个年龄阶段的女性往往拥有自己的事业，不会成天沉迷在恋爱中，选用黑色也会让人感觉到她们的成熟风韵。

日本作家田中还给男人们传授了一些秘诀。他说，不要上去就拔掉女性的黑胸罩，看看再说，那样才能感觉到一个完整的女人，会让你获得意想不到的情趣。当然，这些都只是笑话。

那么，日本女人到了 50 岁，选用的胸罩主要是什么颜色呢？答案是粉红色。她们想找回逝去的青春，心态上也愿意和少女一样。她们认为，戴上了粉红色的胸罩，也就回到了少女时代。所以，在"怀揣梦想"的"师奶"中，粉红色成了最流行的颜色。迈入"知天命"之年的田中作家，老婆和他同岁，每次他更年期的老婆戴上粉红色胸罩后，就会变得很亲切，很随和，害得可怜的田中先生一下去商场为老婆买了七八件粉红色的"小可爱"。

因此，胸罩对女性的贡献极大，是外在服装无法比拟的。胸罩在乳房的隐藏和暴露之间，提升了女人的美感，给男人带来了幻想的空间。上帝为什么是最好的，因为他赋予人们想象。而男人最美好的想象莫过于此。

日本"性爱地图"凸显地域性格差

天高气爽、节假日多，金色的秋季总是给人很多眷恋，或许是冬天就要来临的缘故。在很多日本人眼中，秋天是最适合享受人生的美好季节。每年到了这个时节，日本人都会选择去各地旅游，而旅行社也会大量印制宣传导游手册，介绍日本各地观光景点和风土人情。但是，不少人说，总感觉宣传手册里缺少些什么。

那么，缺少什么呢？日本男人笑称，当然是缺少了对各地女人的介绍。为此，日本一家周刊居然以在"性感研究所"注册的15000名女性会员为对象，就全国47个都道府县的"女性县民性"进行了大调查，随后发布了一张全国"性爱地图"，对各地女子的性爱热衷度等进行了前后排名。一时间，竟然洛阳纸贵。

北海道之秋，正是海鲜上桌时。在食用了蛋白质丰富的海鲜后，北海道女人毫不掩饰对性爱的热衷。这个因电影《非诚勿扰1》为中国人熟知的地方，电影中"居酒屋"那豪放的四姐妹，就是当地女性的缩影。在对性爱的"热衷""一般""不太喜爱"三个选项中，52%的北海道女性选择了"热衷"，占一半以上。

北海道女性是真诚的，她们有的在回答这些选择题后，还在问卷上讲述了自己的亲身感受。28岁的佳奈这样坦率地写道："我是热衷于此的……我们北海道女性就是这么真实，这么天然。"

在那张地图上，性爱满足度排名最高的是秋田县。日本素有"温泉、日本酒、秋田美人"三大宝的说法。此次调查显示，72%的"秋田美人"对自己的性生活很满足，高居全国首位。

报道称，一位在东京生活的新闻记者娶了一位秋田美女，还与各色各样的众多秋田女人有了交往，因而对秋田女人特别有研究。他说："秋田女人天生乐观豁达，不管什么事，她们都很少纠结。这种良好的心态，让秋田女人在性爱上特别放松。"

与北海道、秋田女性形成鲜明对比的，是各项排名都垫底的栃木县。这个拥有日光、那须、盐原等有名温泉的地方，保守气质弥漫。调查显示，栃木女性的初次性体验时间在日本最迟。调查中，栃木县女性都不愿意讲述亲身体验。好不容易找到一位，还对记者千叮咛万嘱咐不能透露真名，找个没熟人的地方接受采访。

　　这位栃木县的女性介绍说："我高中时期，全班基本都是处女。而且，其他班级也差不多。我的第一次是和丈夫在一起，当时丈夫触碰到我的时候，我居然尖叫起来。栃木人大多居住在村庄内，女子从小就被教育为人要矜持，而且栃木在日本的内陆地区，与外界交往不多，这可能是栃木民风保守的重要原因。"

　　这位栃木县女子或许说得不错，栃木人在日本全国是出了名的保守。这样说来，看日本，是不能"一斑窥全豹"的。绝对不能因为了解了日本一个点，就自认为是"日本通"了。此前还有好事者做过调查，说栃木县女子很多做爱时保守到了不脱内裤的程度，戏称这完全可以被认定为"世界非物质文化遗产"。

　　其实，在性生活方面，开放也好、保守也好，都不是绝对的，也不可能是整齐划一的。但是，可以肯定的是，日本各地的"县民性"构成了整个日本的"国民性"。正是不同的地域性格，让日本这个大和民族的性格非常复杂，这不是那本《菊与刀》可以简单概括的，同时是外人看不懂日本的一个重要原因。

日本女性的性欲望关乎日本兴衰

　　日本性教育协会近日公布的调查结果显示，男性大学生的性行为发生率为 54%，女性大学生为 47%。与上次 2005 年实施的调查相比，男性大学生下降 7 个百分点，女性大学生下降 14 个百分点，呈现出一种走势降低的趋向。此外，调查显示，女性高中生的性行为发生率也从 30% 降至 24%，降至 1999 年的水准以下。

众所周知，日本是一个性产业大国，也是一个性欲望大国。相比于他国，日本在性产业方面，是遥遥领先的。然而，随着日本年轻一代的成长，性欲望渐趋消退。这次调查显示出自 1974 年开展调查以来，日本女大学生与女高中生的性行为发生率（性行为有无的比例）首次下滑，而在此之前该比率一直呈现出上升趋势。

日本东北学院大学教授濑一男分析指出："从调查结果可看出，这种对待恋爱和性行为的消极倾向不仅局限于年轻男性，在年轻女性中也逐渐蔓延。"事实上，正如各种报道指出的那样，"草食男"如今在日本早不鲜见，"草食女"也有异军突起之势。而此前的日本，在性欲望方面与现在相比则有着很大的不同。

20 世纪 60 年代今村昌平导演的电影《日本昆虫记》能够从一个侧面诠释日本人的性态度。电影通过讲述农家女松木这样三代日本女性的命运，反思日本大和民族的根性，时代在变而女性为了生存的依附性没有本质的改变，特别是最后富米之女松木那辆以身体作为资本换来的拖拉机，让人们看见日本女性命运的本质。

《日本昆虫记》不止一次通过男性和女性乳房之间关系，凸显了日本人对性的渴望：爷爷病重时对最后一次哺乳的渴望，女儿的乳房塞进父亲的口中，特别是裕仁天皇停战诏书现场广播时，毕恭毕敬倾听着"玉音"的民众和因病在家的富米在性抚慰面前的满足形成强烈对比——"亡国的哀伤在欲望面前如此的微不足道"。

难以想象，日本这样一个当之无愧的性欲望和性文化的双重强国，今天竟然会像泡沫经济崩溃一样，开始走下坡路了。专家指出，经济和欲望有着某种程度的正相关，日本整体经济形势的萎靡，削减了日本人的性欲望。尤其是日本的年轻人，深受社会环境的影响，对她们来说，性是一件稀松平常的事，好比家常便饭。

日本已经进入未婚化社会，年轻人爱同居不爱结婚。而问题是，从性心理学的角度看，性本身就应该具有一定的神秘性，过早过多地接触，会让性索然无味，和肉吃多了会腻了一样。如今，日本女性性欲望的消退，对日本社会来说并不是一件好事。最明显的表现是，性失去吸引力会导致婚姻吸引力的降低。

婚姻专家担心，日本女性不愿结婚、不愿生儿育女的人会越来越多。婚姻失去吸引力正对日本的国家政策产生强劲冲击。生育率的急速下降会导致未来劳动力不足，无疑会让少子老龄化的日本雪上加霜。从这个角度说，日本女性的性欲望关乎日本兴衰。

第二辑

日本女性婚恋与家庭

日本人妻享受社会网络服务而出轨

近几年，各种社会网络服务在日本非常流行，其中又以 Facebook（以下简称 FB）为最甚。在全球 8 亿 FB 用户中，日本国内就有 1000 万人，占日本全国人口总数近一成，且正以每天 5 万人的速度增长。

FB 在日本的流行不无理由。日本人利用 FB 的"实名制"特点重拾旧友、另结新欢，不亦乐乎。目前，FB 在日本被用于交流、联络、广告宣传等多种用途。就连最近的反核电示威活动也是通过 FB 被组织起来的。

然而近来，日本家庭内的夫妻矛盾也多由 FB 而起。有社会学者表示，FB 普及之后，日本"人妻"与旧情人死灰复燃的几率骤然升高。在美国，20% 的离婚夫妇都表示与 FB 有关；而这种现象在日本也越来越普遍。可以说，是类似 FB 这样的"社会网络服务"让日本的"人妻"们出轨了。

那么，到底是什么让旧情不停地复燃呢？最大的原因还是出在"实名制"身上。FB 的自动关联搜索功能很强大，完善输入自身的信息后，马上能自动被关联到从前的同学、朋友、恋人。偏偏女人又总想知道旧情人的动向，于是就互加好友、随便聊聊、出来见见，最后发展出一段"出轨之恋"。一位 36 岁的家庭主妇说："有一天，前男友忽然在 FB 上冒出来加我。我当时很激动，觉得这是命运安排我们 10 年后再会，于是不假思索地与他见面，紧跟着发生了肉体关系。那以后，他经常要我出去陪他，我很怕这会影响到我与老公的关系，一直为此苦恼。"

日本女作家牛洼曾说，女性即使结婚，也不能做到完全忘记旧情人。且大多数"人妻"都对旧情人缺乏抵抗力。她们虽然感到对不起现在的老公，但只要旧情人稍加引诱，还是会立刻投怀送抱。日本综合侦探所 MR 的调查结果表明，曾经出轨的"人妻"中，六成以上的对象都是自己的旧情人。

虽然不晓得这是不是日本"人妻"特有的一面，但日本已婚女性"欲求不满"的现象却是众所周知。当然，日本"人妻"也不是开放到随随便便的地步。她们一方面渴望更多的性行为，另一方面又不愿出轨被发现导致失去家庭。所以，她们在选择对象上可说是慎重至极。与其和一个素未谋面的人从头开始，不如找上旧情人，大家知根知底、各取所需。

另外，日本传统观念对这些"人妻"们的影响仍在。如在婚后与陌生男人发生性关系，还是多少会感到愧疚和抵触。但是，与很多年前发生过关系的旧情人就不一样了。她们可以抛开最后一丝罪恶感，全身心地投入享受。而正是 FB 这样的"社会网络服务"，把如此完美的对象自动送到"人妻"们的身边。

那么，日本的丈夫们对此又作何感想呢？据日本综合侦探所 MR 的调查，相当一部分日本男人发现妻子出轨后，在感到愤怒的同时更多的是感到自卑。特别是每天从早忙到晚的公司职员们，如果发现妻子的出轨对象是位"高富帅"，他们大多会选择忍气吞声。据他们自己讲："像我这样的人能娶到妻子已经很不容易了。如果离了婚，我就什么都没有了。"

这一切，都是网络的错？谁说得清楚。

美日国际婚姻纠纷应引起中国重视

一位哲人说，婚姻就是一根绳索捆绑着的两个鲜活的灵魂，两个灵魂挣脱绳索的时候就是离婚，但是彼此的身上都会留下挣脱绳索时的累累伤痕。离婚固然不幸，但不幸往往不会因离婚而消弭，除了感情上的伤痕，对于跨国婚姻家庭来讲，还有很多的繁琐的法律问题需要面对，譬如子女抚养权问题，两个国家间的法律规定不同，导致问题一时难以解决。

最近，日本媒体报道，日本兵库县一位女性，在与美国丈夫闹离婚期间，带自己的亲生女儿回到日本居住，结果被控诱拐，前往美国办理绿卡延长手续时，在入境机场遭到逮捕。如果罪行成立的话，她将面临入狱 12 年的重罚。实际上，这位日本女性已经和丈夫离婚，不同的是美国加州法院将孩子判给其丈夫，而日本神户法院将其判给自己。类似的国际婚姻纠纷在美日之间时常发生，引起日本舆论与美国政府的关注。

2010 年，在横滨举行的 APEC 首脑会议上，日本首相菅直人和美国总统奥巴马举行首脑会谈。与日本期待和美国谈今后 50 年日美安保条约签署问题不同，奥巴马直截了当地通过外交渠道告诉菅直人：我想谈美日国际婚姻问题。因当时出现过一名美国父亲离婚后因将孩子带离日本被日本警方逮捕。这次，美国警方在机场逮捕日本女性，究竟是一种报复行为，还是一种执法行为，双方的解读可能是不同的，但它显露出美日国际婚姻所面临的法律困境。在中日国际婚姻逐渐增多的时下，这种法律的困境也曾出现，同样值得关注。

从 20 世纪 80 年代开始，中日两国人员交往与日俱增，两国之间的跨国婚姻也不断增加。近年来，每年都有上万对中日男女结为伉俪。据分析，日本国际婚姻对象人数最高的是中国人，占全体国际婚姻总数的 30%；其次是韩国人，占总数的 24%。但因语言、文化、生活习惯差异等多种因素，中日国际婚姻家庭的离婚率也在攀升。据日本厚劳省的统计，2008年，中日跨国婚姻成功结合有13223对，但同时也有5946对"日中组合"在2010年宣布分道扬镳，离婚率占2010年比例的44.96%。这意味着类似于美日国际婚姻纠纷的案例也不鲜见。

国际《海牙条约》规定，父母有权申请其子女回到原居住国。但是，中日两国都没有签署这项条约，因此在如何认定国际婚姻的抚养权问题时，基本上是依照所在国法院的裁决。有分析指出，目前日本每年都会发生5000多起日中国际婚姻夫妻离婚案，子女抚养权纠纷案也经常发生。需要明确的是，类似的国际婚姻纠纷需要两国政府进行国际协调，凭个人或部分人的力量根本不能解决，两国政府都应该承担起相应的责任。这个问题不仅仅是简单的家庭婚姻问题，同时与国民感情直接牵连。中日两国政府如果能够对此有足够的重视，商讨对策，尽快协商出妥善的解决方案，就可以让已受离婚之苦的那些人们不再承受法律纠纷之困。

日本"第一夫人"候选人婚姻遭指责

日本大选鏖战正酣，在野党民主党一路飙升，各项民调都显示民主党有望"翻盘子"成为执政党。这个时候，民主党党首鸠山由纪夫的夫人鸠山幸开始进入人们的视野，媒体称其为未来的"第一夫人"。

说起来鸠山幸还与中国有点缘分。她1943年出生在中国的上海，后来在日本的神户长大，20世纪60年代曾在未婚女性组成的宝冢歌剧团当过歌舞剧演员，20多岁时退出舞台远赴美国求学。

近日，日本民主党开始着手考虑未来组阁的问题，并对可能成为阁僚的人选进行调查，看看他们以往在"钱"和"性"的问题上有没有什么"前科"。因为几乎每届日本新内阁组成以后，都会有阁僚因为屁股底下"发潮"，被人抖搂出来"钱"与"性"的往事而引咎辞职。有望从在野党成为执政党的民主党当然不希望发生这种事情。

说到这里，需要多说一句的是，即使鸠山由纪夫，也不可能完全"清白"。他的弟弟原麻生内阁总务大臣鸠山邦夫，最近还在向媒体说："我哥哥的钱是不干净的。"而鸠山由纪夫与鸠山幸的婚姻也曾被媒体指责为"不道德的婚姻"。

2009年5月，日本《文春周刊》曾经揭过鸠山由纪夫婚姻的"老底"。其报道说，鸠山由纪夫1970年从东京大学工学系毕业后就到美国加州斯坦福大学留学。当时，他的父母拜托在芝加哥开办日本料理餐馆的一对日本夫妻照顾留学的鸠山由纪夫。没有想到，鸠山由纪夫看上了这对夫妻中妻子的弟媳妇——幸。情感的火焰一旦燃烧起来就会失去理智，鸠山由纪夫当时经常趁幸的丈夫不在家的时候登门造访私会，结果是幸与丈夫离婚，1975年嫁给鸠山由纪夫，改名为"鸠山幸"。那一年，鸠山由纪夫28岁。

尽管日本媒体指责这件事情"不道德"，把这个婚姻称为"掠夺婚"，把鸠山由纪夫称为"偷人家老婆的人"，但婚姻如同穿鞋，合适不合适只有自己知道。不久前，鸠山幸在电视台不无得意地透露，"我丈夫经常对我说：'我可是从所有女性中选中你的。他说的所有女性就既有独身的女性，也有已婚的女性。'"

鸠山由纪夫和鸠山幸之间的"产品"是一个独生子。目前，这个身为工程师的儿子定居俄罗斯。如今，鸠山幸对丈夫浓浓的爱意表现在"管头管脚"上，每天丈夫出门前戴什么颜色的领带、穿什么颜色的袜子，她都要一一选择打点。

鸠山由纪夫也把妻子比作自己政治生涯的"奠基石"，他说："每次回到家，都感到特别放松。她就像是个能源供应基地，总能让我充满能量。"此外，鸠山幸还经常去鸠山由纪夫的老家，和当地一个女性组织"鸠山幸和你们聚会"的成员举行各种各样的联欢活动，实际上就是为丈夫固守大本营，创造人气多拉选票。

鸠山幸称自己是一名"生活设计者",擅长替别人安排饮食、设计服装及装饰房间。不过,鸠山幸真正表现出来的"成就"是出版了《鸠山家的爱情米饭》《欢迎您到鸠山家》《欢迎来到鸠山餐馆》等几本菜谱。这与她当年在美国洛杉矶日本料理餐馆打工是否有关就不得而知了。

近日,鸠山幸在接受法新社记者采访时坦言自己是个好奇心特别强的人。她说:"我是个什么都想尝试的人。腌菜、彩绘玻璃、制作陶器、缝纫,没有一样我不曾尝试。在我的人生里,没有实现不了的梦想。如果你坚信你的梦想可以实现,那么你就能将它变成现实。现在我最大的理想就是成为一名制片人,我正为之而努力。"

不管怎样说,鸠山幸都是一个充满理想、同时是为了实现理想敢于做出抉择的女性。这种性格,也许会对日本未来的政坛产生影响呢。

日本单身妈悄然走进独居老男家

最近,33 岁的单身妈妈野山秀子带着 2 岁的女儿,搬进了 67 岁独居老人合田雄夫的家一起生活。这对"野合"男女既不是父女,也不是夫妻,而且,他们之间还有"明文规定"。比如接送孩子去幼儿园由合田老人负责,每天早晚两餐由野山女士来做;家里的清扫平时由合田老人负责,周末则由野山女士负责。那么这两个人究竟是什么关系?他们为何要住到一起?

其实,这是日本"代际交流生活促进会"从 2010 年开始推广的"单身妈妈 + 独居老人"新家庭模式。该会通过各种渠道牵线搭桥,让有意向的单身妈妈和独居老人住在一起,彼此有个照应。

这种独辟蹊径的家庭模式,为很多单亲妈妈和独居老人找到了新"家",大受欢迎,政府部门、各种民间组织也开始参与进来。从目前的发展态势来看,"单身妈妈 + 独居老人"家庭模式将很快在日本社会流行，成为一道独特的风景线。

从单身妈妈的角度来看，和独居老人合住可以帮助她们减轻育儿负担，走出家门。日本厚生劳动省 2007 年发表的统计结果显示，日本母子单亲家庭的平均年收入是 233.4 万日元，还不到日本普通家庭年收入的一半。造成单身妈妈收入低的主要原因，就是因为她们要照顾孩子，所以没有时间和精力外出工作。对于这些单身妈妈来说，最需要的就是能有个人帮助她们照看小孩子，让她们可以投身社会。而那些有工作的单身妈妈呢，也因为到时间就要去幼儿园接送孩子，所以在公司里很不受待见。而和独居老人合住，白天照看小孩子，幼儿园的接送工作就可以交给他们了。野山秀子说，我从小就是和妈妈相依为命长大，我知道一个女人又要照看孩子又要外出工作有多难。所以在我知道有这样一种家庭模式后，我毫不犹豫地报了名。

从独居老人的角度来讲，和单身妈妈同居能够感受到家庭温暖，而且每天早晚都有人做好热汤热饭，生病了还有人照顾。在 2008 年的 1 年间，仅东京都内，就有 2000 多个老人默无声息地独居离世。而据日本政府的调查结果，在日本 60 岁以上的老年群体里，有 45% 以上的老人都担心自己将会面临"孤独死"。合田雄夫说，自从妻子去世后，自己每天一日三餐都是叫外卖，有时候干脆就一天只吃一餐，这种生活我已经过够了，自从野山秀子搬进来后，感觉自己的生活变得越来越规律，家里充满了生气，现在越活越年轻。

目前，参加这种合住生活的大多是 65 岁以上的男性独居老人，他们有固定住房，有养老金和退休金维持生活。对于他们来说，让单身妈妈搬到自己家里来住，倒不在乎会有多少房租收入，最主要的，是能让自己家里有点"人气儿"。单身妈妈和独居老人问题一直让日本社会非常棘手。"单身妈妈 + 独居老人"的家庭模式，或许能为同时解决这两个问题找到一条新的出路，可谓一举两得。

日本老牌女影星大原丽子"孤独死"在家中

日本 62 岁的老牌女影星大原丽子已在东京都世田谷区的自宅内死亡。这是东京都警视厅 2009 年 8 月 6 日确认后向媒体公布的消息。

8 月 6 日，大原丽子的弟弟给东京都警视厅成城警察署打电话，说无法与大原丽子取得联系。当警员在晚上 7 点赶到大原丽子的住宅时，发现她已经在 2 楼的床上死亡了。看起来，她至少已经死了两个星期。具体死因，警方正在调查之中。

2008 年 11 月 11 日深夜，大原丽子在前往自家车库的路上，不慎摔倒，导致右手手腕骨折，身体多处受伤，伤势相当严重。其所属公司称，大原丽子 34 年前开始患格林·巴利综合征（Guillain-Barre Syndrome），这种病导致运动神经障碍，出现手足无力等病症，她这次的不明跌跤就与此病有关。据说，这种病被日本医学界定为疑难病症，重症患者甚至会引起窒息等严重后果。其后，大原丽子经常到医院接受治疗。

大原丽子曾是 20 世纪八九十年代日本红极一时的女星。她最初是 1964 年在日本 NHK 电视台播出的电视剧《幸福试验》中登场走红的。后来与演员高仓健合演的经典影片《居酒屋兆治》，更给人留下深刻印象。1989 年在 NHK 电视连续剧《春日局》中担任主角，受到热捧。但是，自从 1999 年患病以后，她就逐渐淡出影坛。

也许应验了"自古才女婚姻多不幸"的箴言，大原丽子尽管在电影、电视剧中接连不断扮演"幸福的角色"，但在现实的婚姻生活一直不幸福。1973 年，26 岁的大原丽子与演员渡濑恒彦结婚，1979 年离婚；1980 年，33 岁的大原丽子与歌手森进一结婚，1984 年离婚。

大原丽子"一个人孤零零地死去"，再次演绎了日本媒介推出的一个新的社会学词汇——"孤独死"。根据不完全统计，仅仅是在东京，现在一年就有将近 3000 人遭受"孤独死"的命运。看似繁华的东京大都会，又被人称为"东京沙漠"，时而像沙漠一样让人感到孤独，甚至在孤独中死去。

日本年轻女性为何热衷"地下恋"

所谓的"地下恋"，当然是指上不了台面、有意不让他人知道、见不得光的恋情。而今，"地下恋"颇受日本女性青睐，甚或成为一种愉悦的享受。

近日，日本一家恋爱杂志作为创刊 10 周年纪念活动的一环，以全国 20—30 岁年龄段女性为对象就"地下恋"和"恋爱的味道"进行了一项意识调查。调查显示，有 30.5% 的受访女性表示曾经有过"地下恋"的经验，其中有近 7 成人对有过此经历感到很开心。

就调查来看，喜欢玩地下恋的日本女性多为年轻女性，这个年龄段在日本往往意味着未婚。理论上讲，"地下恋"一般会"见光死"，难以长久，处在恋爱中的青年男女们往往是提心吊胆，承受着巨大的心理压力，生怕曝光后影响到正常的生活。

可竟有 7 成日本女性对"地下恋"感到很开心，不但没有多少压力，反而成为一种"减压阀"，这与日本的社会文化和社会现实紧密相关。

鉴于日本低迷的经济形势，日本的年轻人面临巨大的就业压力，进入职场的同样面临激烈的生存压力，女性尤其如此。显然，偷偷摸摸地玩"地下恋"本身就是一种刺激。在此过程中，可以很大地缓解职场的枯燥、繁重和竞争压力。除了减压，"地下恋"还有丰富生活、排解寂寞和孤独、满足身心需要的功能。

据日本总务省所进行的《国势调查》统计显示，日本 25 年来 25—34 岁女性的结婚率变化情况是：1985 年为 79.5%；1990 年为 72.9%；2005 年为 54.5%，2010 年跌破 50%，这意味着半数以上的日本婚龄女性，处于不想结婚或无法结婚的状态。这意味着，日本的单身女性人数越来越多，她们对工作以及生活的追求也越来越高。

日本社会走向未婚化的趋势愈加明显。单身男女的增加，无疑是"地下恋"增加的原因。很多人忙于工作或根本就不想正式地恋爱结婚，于是"地下恋"成为不错的选择，因为没有第三人知道，所以好聚好散，彼此都不需要承担什么责任和义务，成本极低。

当然，这背后亦有日本文化方面的原因。日本是一个他律社会，在日常生活中，日本人给人一种很严谨细致、恭恭敬敬、温和礼让的感觉。但是，一旦缺乏这样的外在环境，日本人表现出来的就是另一面，家庭暴力、孤独冷漠、自杀等。这就是如此严谨恭敬的日本社会性产业和性文化如此发达的原因。

"地下恋"或多或少与此文化有关。日本《产经新闻》近日发表问卷调查结果称，日本女性出轨率达到了49%，平均两人中就有一人曾经体会过"偷食"的快乐。"地下恋"已经逃离他律社会的约束，自然可以恣意而为，自然可以享受到快乐。传统观念中日本女性的温柔、专一、对男人唯命是从的印象一个个地被消解。

日本社保制度把剩女往"婚路"上逼

提到女性杂志，《安安》在日本可谓无人不晓。《安安》每年都会进行一次大评选，让日本女性选出自己最喜欢的男人和最讨厌的男人。从这一点就可以看出，《安安》是本前卫大胆的杂志，它的理念就是带领日本女性更加自立、自由、自强。

可是最近，《安安》的办刊理念正在发生明显变化，开始制作各种专题，指导剩女怎样成为一个能被男人带回家的女人，倡导能被男人"收藏"的女人才是时代的胜者。

一份倡导女性解放的杂志，为什么会出现这种"大转弯"式的理念变化呢？又是什么让日本剩女们在经历一番争取权利、走向社会的努力后，又不得不回归到依靠男人的老路上来？或许，答案就在日本的社保制度里。

在日本，有两份保险是国民都要缴的，一份是医疗保险，一份是养老金保险。这两份保险的费用都按照个人的年收入设定，一年调整一次，而且都是从工资中直接扣除。日本政府宣称调整缴纳的费用，是为了让日本变得更平等。但剩女们最近发现，社保制度改来改去，自己的负担越来越重，而家庭主妇却越来越轻松。

最近，日本又出台了新的社保制度。按照新制度，年收入不到130万日元的女性可以自由使用丈夫的医疗保险，丈夫的养老金里也有她们的一半，而她们自己不需要缴纳任何费用。这是日本政府为照顾已婚家庭妇女的新制度之一。

那么新制度里，日本政府又是如何"照顾"单身女性的呢？对不起，你们敢独身，就自己负担一切保险吧。

据日本《周刊现代》杂志报道，至今小姑独处的27岁职业女性秋元小姐，月收入是22万日元，年收入为264万日元。按照日本现行的社保制度，她每月工资要扣除10966日元医疗保险金和18054日元养老保险金。一年下来，秋元小姐共要缴纳34.824万日元的社保费用，占到了总收入的13.2%。而5年前她的社保费用只占收入的7%左右，在经过一次次为实现国民"平等"的社保制度改革后，单身的她终于成为了支撑日本社保主力军中的一员。

另一名25岁的家庭主妇相泽女士则完全不同。她每星期到家附近的24小时超市打工，月收入是10.7万日元，年收入为128万日元。如果新的社保制度出台，相泽女士是已婚女性，而且年收入不到130万日元，所以她不需要负担任何保险费用。

也就是说，没结婚的秋元辛苦工作，在缴纳保险金后的收入余额，还不如家庭主妇相泽女士多。而且秋元小姐结婚越晚，负担保险费用的年数就越长，收入差距就越大。但秋元和相泽享受的是同等的社保待遇。

如今，这种让家庭妇女得益的社保制度，正潜移默化地改变着日本女性的人生选择。就连各种媒体也被这种趋势牵着走，开始传授日本女性嫁人的捷径。在这种社会大环境的影响下，近几年日本女性的婚恋观开始出现变化。

日本《周刊现代》最近对3000名20—25岁未婚女性的调查就显示，"婚后愿意成为专职家庭主妇"的受访者达到了74.6%，比2002年的51.7%上升了20%以上。其中，83%的受访者是因为"单身女性的经济负担大，生存艰难"。

在经济长期不见起色的当今日本，政府开始悄悄将各种税费负担转移到剩女身上。此举说得好听点，你敢长期不嫁人说明你能力强，多做点贡献也是应该的。如果说得不好听，日本的"高龄少子化"日益严重，你敢不嫁人，政府就敢累死你。日本不断修改社保制度，或许就是想将剩女往"婚路"上逼。此种形势下，日本的剩女还是趁早嫁了好。

日本欲创设"女性宫家"造女皇？

日本社会正在面临人口"高龄化"和"少子化"的双重危机。与此同时，这样的危机涉及日本的皇室。据共同社报道，日本宫内厅长官羽毛田信吾曾向首相野田佳彦表示，今后皇室成员人数恐怕将随着皇室女性外嫁而减少。2011年12月，野田佳彦首相在记者会上表示："从维持皇室活动的稳定性来看，这是一个非常紧迫的问题。"据了解，为了解决这个问题，日本政府近日决定将讨论修改《皇室典范》，创设"女性宫家"。这样，皇室女性在婚后就可以继续保留其皇族身份。《读卖新闻》报道称，政府将从2月开始听取各方专家意见，目前正加紧确定专家人选。

按照日本现行的《皇室典范》规定，除了皇太子之外，其他皇子在成年或成婚后，经过宫内厅的批准，可以建立一个宫家。宫家不同于作为幼年称号的宫号，比如说，皇次子秋筱宫文仁亲王的宫号是"礼宫"，成年后建立了名为"秋筱宫"的宫家。《皇室典范》还规定，女性皇族不能继承皇位，成年后也不像男性皇族那样创设宫家，如果嫁给平民，就自动脱离皇籍，也就是说不再具有皇族身份。目前，日本皇室由天皇和22名皇族成员组成，其中未婚皇族女性有8名，包括皇太子夫妇的长女爱子、皇次子秋筱宫夫妇的长女真子、二女儿佳子、昭和天皇四弟三笠宫的孙女彬子、瑶子，已故高元宫宪仁亲王的女儿成子、典子、绚子。

按照规定，皇族女性如果嫁给皇族，就可以继续保留皇族身份。如果嫁给平民，这个皇族身份也就自然丧失了。比如说，现在日本明仁天皇唯一的女儿纪宫清子，2005年11月下嫁给东京都政府职员黑田庆树后，也就"嫁鸡随鸡"地改名为"黑田清子"了。崇仁亲王的长女宁子嫁到昔日贵族近卫家中后，就改名"近卫宁子"了。他的二女儿容子嫁到茶道世家千家之后，就改名为"千容子"了。

所谓创设"女性宫家"，说白了，就是要保证女性皇族成员嫁给平民后依然要保持皇族身份。现在的问题是，这些"女性宫家"是不是仅仅限于天皇的嫡系女儿、孙女，还是女性皇族都可以？与皇族女性结婚的男性和出生的孩子是否也属于皇族？这将成为今后修改《皇室典范》讨论的焦点问题。

从目前来看，修改《皇室典范》也不是一件容易的事情。日本朝野各党内部都有人认为，创设"女性宫家"可能导致皇室父系传统瓦解。还有的认为这样将使皇族中的女性成员不断增加，最终超过男性成员的数量。更有的认为，造成不得不修改《皇室典范》的最根本原因就是现在的皇太子没有儿子，修改此法的最终目的就是要让皇太子的女儿爱子成为未来天皇的"接班人"。这是绝对不能够容许的。

"不孕不育症"让日本妇女深陷苦海

"第一次去医院做人工授精，是我结婚后的第13年。此后虽然年年失败，但我还是年年都去。每次结果显示为阴性反应（人工授精失败）时，我都想'这是最后一次了'，但我还是不死心，又接着去了。"39岁的秋山女士为治疗不孕症已经陷入了泥潭。她先后用体内注入方式授精25次，从卵巢抽出卵子体外授精12次，但拥有小宝宝的梦想依然遥不可及。

在日本，像秋山女士这样被不孕症折磨的妇女有很多。根据日本妇产科研究会的调查，2009年，进行过人工授精治疗的妇女达到了21.38万人，相当于2000年的3倍。此外，日本经过人工授精方式诞生的婴儿为2.668万人，占到了出生婴儿总数的约1/40。这意味着在不久的将来，日本每名学生同班都可能有一名人工授精诞生的同学。

据了解，日本全国有588所不孕不育治疗机构，居世界之首。人口相当于日本3倍的美国，也只有422所。所以，说日本是世界第一的"不孕大国"，一点都不夸张的。

在各种压力如潮水般袭来的日本社会，平均初产年龄超过30岁的日本妇女们，正在抢抓生育年龄的"尾巴"，和不孕不育赛跑。这群高龄产妇中，有些受上天垂怜，顺利产下宝宝。然而，另一些不幸的妇女则被可怕的不孕不育缠身，承受着常人不可想象的压力。

身体上的负担不用说，精神上的负担也让这些妇女难以承受。周围异样的眼光，让很多不孕妇女自信一点点丧失，成天处在"为什么别人能生我不能生""当初为什么没有早点生"等精神压力中。2009年，青森县一名41岁的不孕妇女，甚至在长年治疗无效的情况下，选择卧轨自杀。

还有可怕的经济负担。人工授精等不孕不育治疗，不在日本医疗保险报销的范围内。人工授精一次需要 30 万—50 万日元。而不管成功与否，一般最少要做三四次。再加上注射费、医药费、交通费等，一年下来最少要花 200 万日元以上，相当于日本人平均年收入的一半。日本的不孕妇女们每年要拿出一半左右的收入，去争取成为小概率的幸运儿，生活会过成什么样子可想而知。

时间上的困难也不可小视。日本的不孕妇女以职业女性居多，要想治疗和工作两不误很难做到。不少不孕妇女为了治疗不得不辞掉工作或者改变雇佣形态。这又反过来加重了不孕妇女的精神和经济负担，让她们越过越苦。

日本厚生劳动省 2011 年发布的报告推测，受日本经济长期低迷、民众收入不断降低的影响，妇女还将不断推迟初次生育年龄。这将导致因卵子老化而不能生育的日本妇女持续增加，如何帮助这些不孕妇女，成了日本政府迫在眉睫的问题。

最近，日本各界都在质问，政府每年花了纳税人那么多钱，不孕妇女们还在苦海里，高龄生育问题也看不到半点改善的迹象，"高龄少子化"问题如何能不严重。近年来，日本"走马灯"似的每届政府都表示，要尽全力解决"高龄少子化"问题，但为何总是"只听楼梯响不见人下来"？症结恐怕还在这种前人栽树后人乘凉的好事，对于需要立竿见影出政绩的日本各界政府而言，实在没有多大的意义。

日本女性的避孕意识缘何如此匮乏？

日本制药公司"拜耳药品"近日实施的一项网络调查显示。据悉，这项调查以 20—49 岁女性为对象，有 614 人做了回答。回答结果显示，认为自己采取了避孕措施的女性中，有 20% 左右的人采取的其实是"体外排精"。另有大约 60% 的女性在做爱时没有采取任何的避孕措施。

说起来，日本女性的避孕意识如此匮乏，应该并不奇怪。日本在避孕方面是一个比较"落后"的国家。日本政府在 1999 年 6 月才通过法律，批准避孕药使用，其间争论时间长达 35 年，较西方女性开始服用迟了 40 年。提倡服用避孕药的女权分子，对避孕药在日本未能普遍采用颇感意外。

实际上，日本只有非常少数处于生育年龄的女性服用避孕药，这其中的原因主要有，她们对属于处方药物的避孕药不熟悉、态度保守、担心服药产生副作用和不愿意每天定时服用避孕药，从而在态度上显示出一种排斥。

在日本，很多女性对避孕药非常陌生，即使是专业人士亦鲜有服用避孕药，甚至没有谈论到避孕药问题。据调查，日本全国只有 1.3% 的女性定期服用避孕药。而据联合国统计数据显示，美国有 15.6% 的女性服用避孕药。

日本女性除了担忧避孕药的副作用外，避孕意识匮乏还源于一种责任意识的偏移。日本家计会指出该国女性缺乏避孕的意识，通常把避孕视为男性的责任。日本厚生省进行的调查显示，接近 70% 的受访女性表示从未服用过避孕药，只有 20% 的人愿意尝试服用。在日本，最普遍的避孕方法是男性采用安全套，令安全套占去节育产品市场的八成。基于此，男性避孕套开发的技术与质量也不断提高，甚至已经成为赠送朋友的佳品之一。

日本是一个生育率极低的国家，人口老化情况非常严重，所以政府不太积极鼓励国民避孕。反之，政府试图游说夫妇增加生育，借此纾缓人口急速老化对国家经济造成的重担。

另外，男性戴安全套成为最普遍的避孕方法，有助降低性病传播，包括艾滋病。假如日本有越来越多女性服用避孕丸，男性将会减少采用安全套，影响所及，日本将来会出现较多艾滋病病人。日本厚生省发言人指出："至今，日本服用避孕丸的人数仍然偏低，所以我们在现阶段无需担忧艾滋病病人会急速增加。相比之下，艾滋病不会像禽流感那样需要立即加紧重视。"

鉴于以上种种原因，日本男性肩负了更多的避孕责任，女性则无须时时盯着避孕。但不想生育的日本女性不应掉以轻心，因为与生育一个孩子国家给予全部住院费用为补助相比，做一次人工流产需要10万日元（约合人民币7000元），且不可以用医疗保险。

日本女性缘何漂洋过海要"杂种"？

独特的地理环境和文化背景，使得日本成为全球少有的单一民族国家。不少日本人一直以血统纯正而自夸。但在不久的将来，日本不得不面对众多"杂种"出现的尴尬局面。

据日本《读卖新闻》消息，因为不孕不育症，日本每年都有很多女性去海外接受卵子或精子，进行体外受精或胚胎移植。日本东京以这种方式诞生的宝宝，仅4月就有135名。而且厚生劳动省相关负责人中林透露，去海外"借卵取精"的日本妇女数量，实际上要远比掌握的数字多。出于各种原因，大多数人都选择了对外隐瞒。

去海外"借卵取精"手续繁琐、费用昂贵，难道日本人这么做是因为他们想加速"国际化"，更喜欢混血儿吗？其实不然，去海外"借卵取精"，实在是很多日本人迫不得已的选择。

首先，出于经济原因，日本不少妇女错过了最佳生育期。日本经济的持续低迷，让民众收入降低，不少夫妻很难在生育年龄拥有抚育下一代的经济实力，因此年轻时不敢生孩子。但不知不觉年龄就大了起来，待到想要孩子时，却发现有心无力了。日本医疗学会2010年的研究结果显示，日本35岁女性的怀孕率是16.8%，到了40岁就只有8.1%。专治不孕不育的日本浅田女子医院院长浅田义正直言不讳地说，有些事，再怎么努力也没有结果。比如怀孕，如果能早上 5 年、10 年，她们就可以自然怀孕了，哪里用得着来医院做什么不孕不育治疗。出于无奈，那些错过最佳生育年龄的日本妇女们，只有去"借卵取精"。

其次，日本男性精子质量奇低，无法让日本女性正常受孕。为排遣压力，日本男人在工作之余聚在一起抽烟喝酒，逛红灯区逐渐成为常态。但这些纵欲无度的生活，严重损坏了日本男人的生育能力。日本《读卖新闻》2006 年 5 月 31 日曾报道：日本欧洲一项共同研究显示，日本男性的精子质量还不到芬兰的三分之二，比欧洲任何国家都低，也远远低于世界平均水平。表面上男子气十足的日本男人早已"外强中干"。

最后，日本生殖医疗技术落后，无法满足民众需要。日本虽然是先进国家，但是对于不孕不育症的研究与医治，要比其他先进国家慢很多。目前，日本国内只有 6 家医院可以进行体外受精和胚胎移植，而且还不设精子库和卵子库，需要患者自己出去找精子或卵子。为了确保有精子和卵子，也为了确保手术一次成功，不孕不育的日本夫妻们只有咬紧牙关，花大价钱去海外解决。

日本夫妇赴海外"借卵取精"，虽然看上去只是私人的事情，但实际上却牵扯着其他很多问题。由于日本现行法律不承认这种亲子关系，将给遗产继承等问题造成无法设想的混乱。日本正在尽快填补相关法律空白。但即使填补了法律空白，这些血统不正的"国际婴儿"，能否真正被保守的日本社会接受还很难说。

日本人工流产低龄化趋势警示中国

2002 年，日本官方第一次对国民性意识和性行为进行实态调查时发现，2001 年日本未成年女性的人工流产手术达到 46000 多件，竟然比 6 年前增长了 80%。这在当时使厚生省认识到制作《避孕指导手册》

和开展男女交际教育以及青少年性教育的重要性。那么，10 年之后，这种未成年女性人流的情形又是如何呢？

相关机构的调查显示，2010 年日本全国各大医院施行的 21 万件人工流产手术中，12651 件的受术者是 15—18 岁的女高中生，415 件的受术者是未满 15 岁的女初中生。鉴于少女堕胎和性病感染率正在不断增加的严峻社会现实，日本主流媒体之一《朝日新闻》2012 年 6 月罕见地开辟出了"十几岁的性"这样系列文章专栏。

在这个专栏上，17 岁的日本少女河原说："从中学二年级开始的 4 年里，我总共交了 30 个男朋友，也发生过无数次的性关系……"另一位 17 岁少女则回忆说："我又被拉到了妇产科……肚子里的孩子已经 4 个月了。"日本青少年性行为激增，不仅导致堕胎低龄化和频率高发，更明显呈现出一种低龄化趋势。

无独有偶，不久前有报道指出，中国每年人工流产人次多达 1300 万，位居世界第一，且低龄化趋势明显，青少年普遍缺乏避孕常识。一项对 1000 名 20—35 岁中国女性所做的避孕问题调研报告显示，每年流产的女性中，65% 为 20—29 岁的未婚女性，50% 是因未采取任何避孕措施导致意外怀孕，反复人流者竟高达 50%。

应该说，人流低龄化趋势的原因固然是多方面的，但无论如何，社会和家庭都有不可推卸的重要责任，日本的教训，未尝不能警示状况堪忧的中国。

必须指出，在社会层面，性文化、性变态和色情的泛滥，是导致未成年女性"性随意"的罪魁祸首。2012 年前半年日本警察破获的案件中，764 宗涉嫌儿童色情，同期激增 20%，达到 2000 年开始这一统计时的峰值。

这些案件涉及的 596 名儿童，54% 的扮演者都是小学生甚至更小的孩子。日本从 2011 年起开始封杀网络传输儿童色情音像制品，仅一年内便查抄 252 宗通过共享软件在网上传输儿童色情音像制品的案件，

"战绩"同样刷新了同类案件的纪录。试想，在这样的社会环境下，未成年人耳濡目染，怎能"出淤泥而不染"呢？

社会学认为家庭是社会的组成细胞，那么，如果社会大环境这个机体出现问题，必然会损伤无数细胞。持续多年的日本经济萧条蔓延到千家万户，导致了家庭成员关系冷漠，父母子女挥拳相向乃至丧命的事件频发，离婚率和自杀率更是不断上升。

由于离婚率连年攀升，对子女的养育和照顾等问题成为一大社会问题。对此，日本在2012年4月开始实施的《民法》中做了详细的规定。但是，日本法务省对2012年4—6月发生的32757件离婚案件所做统计结果显示，半数以上的离婚案例在3个月中都未能完成关于养育费及亲子见面交流的最终协定。

即使家庭没有破裂，表面上的完整也无法与"幸福"二字画等号。2011年，日本全国接到报案的虐待儿童案件共有384件，达6年来的最高纪录，有39名儿童因遭到家人虐待而死亡，另有96名女孩遭到干爹、后爹或者母亲男友的性侵犯。此外，令人不可置信的是，在这些犯案者中，亲生父亲居然占了33%。

家庭本应是温馨的避风港。在日本，无论离异与否，许多子女都得不到父母的关心，体会不到家庭的温暖，必然会转而向社会寻求慰藉。缺少关爱、渴求安慰的他们独自面对色情处处可见的日本社会，很难不落入陷阱，后果也就可想而知。而人流低龄化除了严重损害身体，甚至可能造成不孕不育，从而在未来加重日本的"超少子化"趋势，更会影响当事者的心理和精神健康。

事实上，性行为的随意和高发不仅导致人流低龄化，更会引起一系列异常严峻、极具危害性的社会问题，比如犯罪，比如性病高发。2002年的一项大范围的跟踪统计调查显示，患性病"衣原体病毒感染症"的在校女高中生增速惊人，毕业时的患者人数是入学时的6倍。一旦感染这种主要通过性行为传染的疾病，艾滋病的感染危险性会增高 5 倍。如果听之任之，也许，未来性病门诊将会为日本的医院带来巨大收益。而且，日本也将成为性病高发国。

缘何手术台上的日本女孩如此之多？

据日本《每日新闻》7 月 31 日报道，从世界范围来看，日本女性的避孕药服用率明显较低。联合国 2007 年统计显示，在 15—49 岁的女性当中，避孕药服用率最高的是德国，达到 52.6%，其次是荷兰，达到 49%，法国也达到 43.8%。和欧洲国家相比，亚洲国家女性的避孕药服用率普遍较低，日本只有 1.1%。

纵观日本，不仅市面上有避孕药卖，而且种类还真不少，据日本厚生劳动省资料显示，目前，日本国内可以合法服用、合法贩卖的避孕药共有 9 种。再看价格，在日本，如果有必要连续服用避孕药的话，每月平均需要 1500 日元左右。而 1500 日元在日本是吃两次麦当劳的价钱。比起人工流产，避孕药要便宜许多。

避孕药如此之多、之贱，在日本女性中，尤其是年轻的初高中女生，未婚先孕、人工流产的事例多得还是令人咋舌。据日本厚生劳动省的调查，在 2010 年间，日本全国各大医院共做过人工流产手术 21 万件。其中，有 415 件的受术者是未满 15 岁的女初中生，有 12651 件的受术者是 15—18 岁的女高中生。

显然，年轻的日本女孩们，很多都经历过青春恐惧的"阵痛"，就仿佛一个个表情无辜的"瓷娃娃"，其实内部永远有个空洞。《每日新闻》调查后分析指出，日本女性普遍对于避孕药有一种恐惧心理，认为"吃了会发胖""吃了容易得癌症""吃了以后不容易怀孕"，等等。一种大面积传染式的恐惧心理在作怪。

为青春期少女提供免费性咨询的堀口雅子医生透露，经常会有身穿高中制服的女生找她咨询，"想服用避孕药，又不知道影不影响成长期荷尔蒙"，"避孕药卖多少钱"，等等。她指出，"经过长期的历史证明，避孕药是安全药物，同时还有其他功效，比如调理月经不调，预防青春期贫血，改善青春痘等"。

安达知子是东京都港区爱育医院的妇产科主任。自 2010 年开始，她一直致力于"计划外怀孕防止对策综合研究"。安达医生在接受媒体采访时说，"我的理想是，年轻女性在没条件生养孩子前，能够做到自律、守身如玉。但日本的现实是，有些女孩才十几岁就已经经历了怀孕、流产、分娩。这就是社会现状，不能视而不见。所以我希望，年轻女孩在进行性行为前，至少要知道避孕药的存在，知道避孕药有信得过的功效。"同时，安达医生也呼吁，"不是以为只要服用了避孕药，就可以乱交。为了预防性病，避孕套也是必不可少的。"

日本女孩儿性体验的年纪小得惊人，但性知识却少得可怜。丰盈的外表与贫瘠的大脑，在这个国家里，出现这种畸形发展的又好像不只是女孩儿。

日本 NHK 当红新闻主播晚婚尚不育

与中国中央电视台主播周涛长得颇有几分相似的日本 NHK 电视台当红新闻女主播青山佑子近日在电视节目中坦承已经结婚，男方是一个与医疗福祉有关的企业职员，年龄则比 38 岁的青山佑子小一岁。看来这又是"姐弟恋"的结果。婚礼将在 3 月举行。

据知情人士透露，两人是三年前在朋友的介绍下认识的，男方主动进攻，两人很快以恋人的身份相处。男方有在美国留学的背景，能够讲一口流利的英语，这或许是博取青山佑子好感的原因之一。另外，两个人在时政问题方面似乎也谈得很投机，这样，感情自然上升。2010 年青山佑子生日时，她接受了男方的求婚。

青山佑子出身于日本广岛县，毕业于筑波大学体育系。1995 年进入 NHK 工作。曾经从事过长野冬奥会、都灵冬奥会的新闻评论解说工作。在学生时代，她多次参加体操、射箭等赛事并获奖，有人说她骨子里就流淌着运动的血液。据说男方在美国留学期间热衷于美式足球，也是一个不折不扣的运动迷，在这一方面两人也有很多共同话题，可谓情投意合。

青山佑子作为日本 NHK 的当红新闻女主播，一直声称只愿专心工作而无结婚意愿。但是，在 2011 年 1 月 17 日主持的一个介绍"婚活"的特辑节目中，她承认自己已经结婚，结果在日本国内引起轰动。

不过，青山佑子在回答"老搭档"大越健介的提问时，表示尽管在育龄上已经接近"高龄"，但近期内仍然不打算要孩子，还想继续工作下去。

日本高学历女性缘何青睐做阔太太？

据日本媒体报道，很多日本高学历女性在选择职业时，越来越趋向于成为"家庭主妇"。当然，这个"家庭主妇"已经不是传统意义上相夫教子的"黄脸婆"型主妇，她们所梦寐以求的"全职家庭主妇"职位有些特殊——"我不想上班""我想睡懒觉""我想整天看电视"……日本女人如是说。

显然，这是一种"阔太太型"的家庭主妇。这些高学历女性受过良好的教育，有着较高的素养，自身条件比较高，她们认为自己拥有的"硬件"，足以嫁入富贵之家。据报道，在日本，"阔太太"的标准是丈夫的平均年收入达到 900 万日元。

有分析指出，日本"阔太太"的共同特点是"有品位""言谈风趣""具有知性"，不能仅靠花容月貌。事实也证明，凭容貌嫁入富贵之门是最靠不住的，对于年轻女性来说，打扮自己脸蛋的同时，还要打磨自己的知性，这才是成为"阔太太"的途径。当然，日本高学历女性趋向于做"阔太太",除其本身追求高质量的生活以外,还有诸多社会原因。

首先,日本的职场相对其他国家来说,"男人的舞台"的色彩更加明显。日本女人从"收入"到"职位"都要比"同龄""同等学历""同等技能"的日本男性来说低许多。伴随着年龄的增长,这种差距会更加明显。日本女性如果硬要在职场中取得和男性同等的"收入"和"地位",她比男性付出的要更多。

日本高学历女性一般结识的男性多为高学历、高收入者,并且与具有这种条件的男性成婚率较高,因此,少有为经济收入而就业的需求。这意味着,她们没有必要去和男性同台竞技,选择做"阔太太"自然顺理成章。

其次,日本的家庭看重"幼儿的看护和教育"。高学历女性更为重视教育,为了让孩子从小接受高质量的教育与技能训练,在孩子上中学前一般都会在家辅导孩子学习,接送孩子去私塾或某种技能学习班等。因此,高学历女性在此期间都尽量不外出工作,避免因工作和家务两者难以兼顾而造成精神上的过度压力。

再次,日本社会传统的男女社会分工意识根深蒂固,"男主外,女主内"依然被深度认同。一旦具备一定经济基础后,日本女性很愿意待在家里。她们在家里除了做些必要的家庭事务,基本就是养尊处优,没有大的压力,"想睡懒觉"的理想自然能够实现。

最后,高学历女性更擅长持家、理财。在日本的中产阶级家庭里面,男人通常是工作狂,妻子则留在家里带孩子、主持家务,同时管理家庭的财政。据报道,她们将大量的家庭资金投放到回报比较高也很可靠的外国政府的公债以及外国银行存款上。作为一个整体,日本的家庭主妇在国际金融交易中成为最大的集团力量。当然,前提必须先成为有钱的"阔太太"。

日本女性已不是"蛋糕"和"面条"

《失败者的哭泣》是一本描写日本单身职业女性生活的畅销书,销量高达 30 万册,该书作者酒井淳子表示:"如今女人不会随便找个男人就结婚了。"而更逼真的现实是,如今的日本女人也不会随便找个男人就上床。就像日本这个矛盾的民族一样,是开放和保守的矛盾体,日本社会性文化世界领先,AV 产业甚是发达,而吊诡的是,未发生性行为的女性比例却大增。

日本国立社会保障与人口问题研究所近日发表的《出生动向基本调查》报告显示,18—34 岁的女性中,没有男朋友的占到 49.5%,没有过性经验的达到 38.7%。这就意味着,4 位年轻女性中有 1 位是处女。此项调查自 2010 年 6 月开始,在日本全国随机抽选 840 个地区,有7073 人作了回答。调查结果可谓颇具权威性。

调查结果似乎出乎意料,日本的"童贞男"也呈递增趋势。日本社会不仅出现"未婚化"趋势,且"无性化"趋势亦渐明显。日本青年一代"不婚不性",足以让人们愕然,而事实上,其原因并非难以理解。相反,反映出日本社会进步的一面,女性更独立、更自主、更勇于追求自己的生活,不需要像以前那样屈从于男人,用身体置换生存物质或家庭的稳固。

在 20 世纪 80 年代,人们曾把 25 岁还没结过婚的日本女性叫作"圣诞蛋糕"。因为如果它在 12 月 25 日之前没有被吃掉,就会被扔进垃圾箱。如今,人们开始把 31 岁还不曾出阁的女性称为"除夕面条"。因为在日本,面条是传统的除夕食品,如果 12 月 31 日晚前还没人动它,就不免遭到被丢弃的下场。而今,三十年河东,日本女性自身权利意识觉醒。

传统观念中"家庭"是一种获得稳定的象征,男性是家庭生存压力的责任主体,女性只扮演"贤内"的角色,在家养育子女、承担家务。在"不婚潮"蔓延的情形下，固有传统观念正在消解。现代女性更多思考着自身的价值意义，众多被视为具有男性印记的社会行业都已向女性敞开大门。男主外女主内的传统已经瓦解。

日本女性"不婚潮"的根本原因还在于女性受教育程度的提高。如果说日本女性的独立自主意识是被西方女权主义思潮和现实生存境遇唤醒，并给不婚女性提供了精神动力的话，那么高等教育的普及则给予了她们现实的有力支撑。高等教育不仅为众多女性提供了高学历，更随之带来了高收入和高地位。

有关数据显示，受教育越多、学历越高的女性越有可能晚婚或不婚。尤其是一些"适婚女"在看到不少已婚女性即使拥有全职工作，但依然承担繁重家务导致身心疲惫时，更加坚定了远离婚姻殿堂的决心。

日本媒体近日称，随着制造业和建筑业的衰退，日本男性不再是就业市场里的"宠儿"。而以女性为就业主力的医疗、保健行业近年受聘人数增长很快，就业市场出现"阴盛阳衰"。彭博社提供的数据显示，日本制造和建筑业 70% 员工为男性，今后 10 年间将裁减 400万个工作岗位。医疗保健行业 74% 员工为女性，过去 3 年间在日本所有行业中新增岗位的速度最快，增幅 16%。

日本《东京新闻》2011 年 12 月 28 日报道，日本家庭正经历着社会角色互换的过程，许多家庭的妻子和女儿开始赚取家庭收入的大部分，而男性在就业市场中不再受宠，进入"衰退"状态。社会角色的转换，让日本女性掌控更多主动权，自己的身体自己做主，无需再像以往那样谄媚于男人，在经济上疲软的男人，在床上更缺乏信心。

38 岁的酒井表示："男人们还没有抛弃那些陈旧的观念，而现代女性变得太能干了，实在不适合他们。"看来，日本的男性们应该转变观念，争取女性的青睐。否则，据预测，日本总人口到 2050 年将降至 1亿，届时日本将没有足够的劳动力了。

日本专业主妇正在沦为"绝望主妇"？

日语中"专业主妇"一词是指结婚后不再工作，专门在家相夫教子、操持家务的女性。把"围着锅台转"提升成一种"专业"，实在是日本的一大"发明"。日本厚生劳动省2010年度的《国民生活基础调查》显示，日本共有夫妇3290.2万对，其中妻子为"专业主妇"的有1495.2万对，占到46.5%。

丈夫在外奋力打拼，妻子在家相夫教子。具有鲜明"男主外，女主内"特色的日本家庭结构，一直被信奉儒家文化的东亚各国推崇。但是，近年来经济的长期低迷，让日本这种传统家庭结构濒临崩溃。以前非常体面的日本"专业主妇"，开始大量陷入贫困，有评论说她们正在沦为"绝望主妇"。

日本"劳动政策研究机构"最近对1222个家庭实施的调查显示，在孩子未满18周岁、妻子是"专业主妇"的日本家庭中，每7个家庭就有1个处于"赤贫状态"。以前，日本专业主妇利用空闲时间去打工，是为了赚点零花钱；如今，很多专业主妇出去打工则是为了维持家庭的生计。甚至有日本社会学家宣称，当今日本社会，真正意义上的专业主妇已经消失。那么，专业主妇身上究竟发生了怎样的变化呢？为何这么多以往衣食无忧的专业主妇被抛入了贫困大军？

在日本经济长期衰退低迷的宏观背景下，作为家庭"大黑柱"的日本男人们收入开始大幅缩减。日本厚生劳动省2010年度的统计显示，日本丈夫们的平均月薪已经从1993年的35万日元下降为27万日元。虽然日本专业主妇都有一套勤俭持家的本领，但巧妇难为无米之炊，要用这些钱来维持家用绝非易事，所以很多专业主妇家庭渐渐陷入贫困之中。

另外，育儿负担也让专业主妇不堪重负，无法走出家门去正式工作，与丈夫一起共同支撑家庭。虽然近年来，日本政府不断鼓励专业主妇积极为经济发展做贡献，但始终拿不出切实的措施解决她们的后顾之忧——照顾孩子。此次调查中，有半数的贫困主妇就表示，因为没人也没地方帮忙照顾孩子，所以不能走出家门去从事全职工作，即使想改变现状，也无计可施。

最后，日本社会逐渐拉大的贫富差距也让专业主妇之间产生分化，很大一部分专业主妇家庭由于社会分配不公平，越来越穷。此次调查的一名调查员说，在开展调查之前，我以为妻子做家庭主妇，是日本富裕层的象征，没想到还有这么严重的两极分化问题在里面。仅凭调查的平均数字来看，专业主妇家庭的收入还不算太低，但10%左右的专业主妇家庭收入占到总体的60%左右。而与此同时，每7个专业主妇家庭里面，就有1个年收入还不到日本贫困线的300万日元，而且她们的家庭收入还在不断下降。日本的贫富差距由此可见一斑。

由此可见，发生在专业主妇身上的变化，是日本社会变化的一个缩影。日本政府如果不能高度重视，日本传统的家庭结构将面临解体，那就会有更多的专业主妇真正成为"绝望主妇"。

菅直人夫人疑儿媳外遇请私人侦探

世上鲜有关系融洽的婆媳，日本第一夫人菅伸子也不例外，她一度曾怀疑自己的儿媳妇红杏出墙，不惜请私人侦探所协助调查儿媳妇的行踪。最新出版的《新潮周刊》对此作了报道。

负责采访日本首相官邸的记者透露："最近，伸子夫人常常去银座购物，从商场购买的婴儿车和婴儿床垫等一股脑儿都运往官邸。菅直人的大儿媳妇的产期是2011年10月，当婆婆的菅伸子自然要忙前忙后。但是，这些婴儿用品不是送到长子的私宅里，而是急着忙着运往首相官邸，看来，正如传言所说，'菅直人到8月末国会闭幕也不会辞职的'。"不过，就在此时，他的家庭内部正产生着小小的裂痕。

据警方知情人透露，"2011年3月，一位在日本警察厅工作多年的职业警官与曾经的同事以及后辈合作开办了一家个人侦探事务所，其后曾经接受过好友、首相夫人菅伸子的委托。据这位警官称，'菅伸子曾经怀疑长子的媳妇有外遇，委托他全程跟踪调查儿媳妇的行踪。'当时，侦探事务所的人问菅伸子怀疑儿媳妇外遇是否有证据的时候，伸子夫人十拿九稳地说，'以前菅直人的支持者曾经看到她在大街上与别的男人抱在一起。'"

菅直人的长子菅源太郎是2009年12月结婚的，妻子曾是冈山县电视台记者，比源太郎小两岁。说起来，他们两人的爱情经过是这样的：2003年举行众议院大选的时候，菅源太郎在老家冈山第一选区出马，但没有如愿当选。不过，源太郎在这期间与她通过采访认识了。2005年大选的时候，源太郎再度落马，此后，他弃政从学，进入京都精华大学人文学部学习，两人从那个时候开始交往。2010年2月，两人登记结婚后在冈山的酒店举行了小型典礼，只邀请了双方的亲属，此后在东京会费制的婚礼派对上受到了150名宾客的祝福。

婚姻生活开始一个月后，源太郎从京都精华大学毕业，进入有"日本政治智库"之称的第一总研工作。夫妻两人在菅直人位于东京都武藏野市的私宅附近有一套公寓，目前在那里生活。

那么，菅家的婆媳关系究竟如何呢？伸子夫人的友人透露，"她们的婆媳关系说不上坏，不过，在孙子还没有出生的时候，婆媳之间恐怕不会有什么实感的。结婚前，伸子劝说儿媳妇修习茶道，儿媳妇直到现在还在坚持。伸子对此还很开心地跟我说起过。"

可是，就在儿媳妇被确定怀孕后，伸子夫人却开始了对其个人的行踪调查。结果显示，菅直人首相儿媳妇的那位"疑似外遇对象"曾经是一名报社记者。这名男子5年前辞去报社工作，但学生时代一直支持菅直人的选举。据说，他辞去报社工作的原因可能是想成为一名政治家。至于他怎样和菅直人的儿媳妇有了关系，还是一个谜。据说，"对于这个调查结果，目前已经形成数十份报告书，上面都标有'CODE1'的字样，意为总理大臣。"

按照日本《警察法》第2条"预防犯罪"以及"维持公共安全和秩序"的有关规定，有关警察可以调查总理大臣以及其他国务大臣的日常生活。这种调查对象包括他们所有的亲属、友人、政界的亲信以及智囊团等。调查内容为特殊的喜好、性癖、犯罪前科、与暴力团伙和外国情报机关的接触等多个方面。

日本警方人士称，"中国和朝鲜的情报机关一旦掌握了我们国家权力者的'弱点'的话，很容易在外交方面加以利用。总理大臣家庭内的外遇等问题很可能成为一张外交牌。为了防患有悖国家利益的行为以及迅速应对突发事件，收集'弱点'情报也是必要的。"

当然，出人意料的是，伸子夫人自己把家庭"弱点"公之于众了。现在看来，她怀疑儿媳搞外遇的事情或许并不存在，大量购买婴儿用品也应该是在了解情况之后。

想保持家庭血液的"纯"，恐怕是每个婆婆都想做到的事情。但是，把家事和国事掺和到一起，可能就是伸子夫人的风格了。

酒井法子现身校园运动会为儿加油

在日本，"女孩节"是3月3日，"男孩节"是5月5日。这里的孩子们虽然不过"六·一"国际儿童节，但这一天却常常是小学举行运动会的日子。媒体记者注意到，2011年的6月1日，因为吸毒正在缓刑期间的日本人气歌星酒井法子爱子心切，全副武装地前往儿子所在的小学观看运动会。

据悉，6月1日，40岁的酒井法子出现在东京都港区一所小学举办的运动会上。她的大儿子12岁，当时正在这所小学读六年级。

目击者介绍说，上午9点运动会开幕时，酒井法子就已经到位。

身处家长丛中的酒井法子戴着一副让人难以识别的墨镜和一顶帽檐压得低低的太阳帽，身穿休闲牛仔裤配着一件红色宽松衬衣，与在场的妈妈们齐声为孩子呐喊助威。她还手持一台黑色便携式录像机，紧紧追随着儿子的身影，午休时还与可爱的儿子一起吃自己亲手制作的便当。

或许是后半段的骑马战和拔河的场面过于热烈，酒井法子居然不怕被人认出来的"危险"，兴奋地摘下墨镜，向着儿子高声大喊："加油！加油！"下午 4 点，运动会闭幕式结束后，酒井法子乘车离开学校。

遗憾的是，2010 年 7 月与酒井法子离婚的丈夫高相佑一没有出现在这次运动会上。或许，他有比观看儿子参加运动会更重要的事情。

情色大师团鬼六与少妻的"一杆进球"

团鬼六，本名黑岩幸彦，在日本被誉为"SM 巨匠""捆绑帝王"，写起情色、性虐小说来，可谓一绝。估计他的粉丝都不止一次地想象，这"疯癫老人"的私生活该是怎样的激情四射、"性"福绝伦。生活嘛，总要由两个人来组合，不妨听听团鬼六那与他相差 13 岁的少妻安纪子是怎么说。

与情色大师第一次见面是在安纪子 30 岁那年。作为演歌歌手的她前往银座，祝贺团鬼六的俱乐部"鬼之馆"开张。当天，团鬼六就跟她说，"下回来我家玩吧。"

安纪子去团鬼六位于东京都目黑区的工作室玩过几次后，就应团鬼六的请求，做了吃住一起的专职秘书。当时的团鬼六有妻子，还有一对儿女，而且就住在工作室附近。8 年后，团鬼六与妻子协议离婚，和平分手。一年后，39 岁的安纪子与 52 岁的团鬼六登记结婚。

新婚旅行，两人选的是去长野县的诹访温泉。当夜，团鬼六"一杆进球"，成功地让安纪子怀上了男孩。

在安纪子怀孕后，团鬼六的前妻"梅开二度"，经常出入团鬼六和安纪子的家，三人形成了一个奇妙的家族结构。安纪子形容说，前妻是《团鬼六》这部小说的前篇，自己是后篇，究竟是前篇好还是后篇好，那就要等团鬼六在天堂判断了。

作为剧作家，团鬼六身边总是围绕着各型各色的女演员。而对于团鬼六是否对女演员下手，安纪子也有自己的看法。"有一次，他跟我说和编辑们一起去泡温泉，但实际上他是带着年轻女人去的。可我是团鬼六的妻子啊，要是看到家里多几个女人就坐不住，那我注定会被淘汰。我和团鬼六的关系，不也是从偷腥开始的嘛！""比我漂亮有魅力的女人到处都是，要想不被她们淘汰，我就得有自己的一套战术。"

安纪子的战术就是，对于那些时常来团鬼六工作室的女明星、女模特们说，"你别忘了让他给你买东西。""陪他那样的老头开心，不换点实际的东西怎么行。"

团鬼六在58岁那年，突然宣布要封笔，称写情色、性虐小说令他厌倦且羞愧，每天就在位于横滨樱木町附近的豪宅里专心下将棋，主办《将棋》杂志。但由于《将棋》杂志带不进实际利益，团鬼六负债4亿日元，由豪宅搬到了租来的房子里，并且为还债开始"重操旧业"。

穷困但不潦倒的团鬼六，在小酒吧里找灵感时邂逅了一位陪酒女，一位比团鬼六小47岁，花名为"樱"的陪酒女。当团鬼六将樱带回家里，正式宣布她是自己的情人时，安纪子到底还是吓了一跳。不过很快安纪子就稳定了情绪，"作为老婆，不能对没有肉体关系的精神出轨横眉竖眼。他是个写书的，不能没有灵感源泉，樱让他在晚年有了一次纯爱的机会，是他的女神啊。"2002年3月3日，樱因过度依赖药物而在家中自杀，71岁的团鬼六在警察署的太平间确认死者为樱后，突发脑梗死，导致右半身麻痹，从此就离不开手杖。

都说女子善妒，为什么安纪子就能如此大度？事实上，与团鬼六75岁时"反正也干不了女人了""对我来说，最理想的死亡方式是腹上死"的豪言壮语相反，自52—75岁的23年间，团鬼六与他的少妻安纪子就只有过3次夫妻生活，包括温泉蜜月里的那次"一杆进球"。

"SM巨匠""捆绑帝王"团鬼六的情色与性虐，只在想象中，不在功能上。

日本"无性家庭"不只是男人的错

年轻男女坠入激情爱河，最渴望两性的结合；中年夫妻步入幸福和睦，和谐性生活必不可少。然而，各种社会调查显示，维持人类社会正常发展的性活动似乎离日本人渐行渐远。许多适龄男女不婚不育，导致日本少子化问题日趋严重。已婚男女对性生活变得越来越冷淡，严重影响了日本中青年夫妻的生活质量。

最近公布的一项调查结果显示，日本50岁以下夫妻中一个月内不过性生活的比例超过4成。更值得关注的是，在最近的5次调查中，这一比例持续上升。在2004年的调查中，无性生活夫妻所占比例为32%，2010年超过40%。2012年的调查结果为41.3%，虽然增加幅度有所减缓，但这类夫妻逐步增加的趋势没有变。

以往，人们总爱把这些问题的责任归咎于家庭中的男性一方。有人说：日本丈夫大男子主义严重，不重视妻子的感受，导致夫妻性生活不够和谐；有人说：日本男性热衷于看AV热片，却对夫妻正常的性生活失去兴趣。还有不少人士将日本经济衰退与家庭生活联系起来，认为国家经济不振连累夫妻性活动萎缩。

任何矛盾的问题都是多方面因素堆积的结果，家庭夫妻间的问题更是"一个巴掌拍不响"的事情。日本男性身上固然存在不少毛病，但是如果夫妻间出现了问题，就将板子一股脑儿地打在男人屁股蛋儿上，难免有失公允。仔细看看现在日本家庭中女性的种种表现，就不难得出结论：日本"无性家庭"增多，女人难推其责。

受传统文化影响，过去日本女性在家相夫教子。很多日本男性幼年时期都在母亲的的细心护养下成长。因此，不少日本男性心里都有恋母情结。他们结婚后很想从妻子那里得到母亲般的细心照顾。但是，现在16—49岁年龄段的日本女性也多是在这种优越环境下长大的，她们自身生活技能不足，又何谈照顾别人呢？

过去，日本男性下班后还可以泡在居酒屋里狂饮一通；现在，这种生活对于日本职场男性来说，就是一种奢望。因为，他们能从妻子那里领到的零花钱越来越少。与此同时，调查显示，日本家庭女性的私房钱却越来越多。很多日本男性发现，即便他们拼命加班，然后把工资奖金统统上交，也很难满足妻子的花销。

为了在萧条的经济环境下保住家庭收入，许多日本男性身兼数职。当他们拖着疲惫身躯回家时，还不得不帮着妻子做家务、带孩子，努力扮演着"爱妻型"丈夫角色。最后，等到他们与妻子相拥温存时，却发现自己已经力不从心。调查中，已婚男性患"性冷淡"，他们给出的各种理由中，回答"工作太累"的居首位。

调查中，在为何对性生活冷淡的回答中，23.5%的受访已婚女性表示"麻烦"，居首位。这个词很含糊，到底在哪里感到"麻烦"，受访女性没有具体说明。但有一点可以看出，这些女性没有以积极的心态去面对夫妻间的性生活。这种心理反映在行动上，就是性生活中敷衍、冷漠，给"性"致冲冲的丈夫泼冷水。

另外，科技进步让日本女性在男人之外，有了更多获取性满足的渠道。如今，日本商家生产的各种女用性爱玩具不仅在造型上更加逼真，功能上也更加丰富齐全，甚至可以让女性随时随地获得更多、更强烈的性高潮。为此，不少日本女性悄悄购置了性爱"宝贝"，并对其钟情有加，反而对正常夫妻性生活感到无味。

家庭和睦是社会稳定的基石，和谐性生活又是夫妻间良好的黏合剂。如今，日本国政混乱，社会运营也出现各种问题。时代呼唤日本女性积极站出来，承担更多的重任。但是，就其自身特点而言，女性更应该在稳固家庭方面起到更多的积极作用。因此，日本女性崛起，是不是首先应当从家庭做起呢？

日本老太太为何绝望地血腥弑夫？

俗话说"少时夫妻老来伴"。一辈子恩恩爱爱，无论对方贫穷或是富有，生病或是健康都不离不弃，自然是夫妻之间最完美的结局。但最近日本发生的一起血腥的弑夫案却让人感觉，现实往往是残酷的。

据日本《西日本新闻》报道，4月5日，一位日本神奈川县女性因嫌弃卧病在床10多年的丈夫，痛下杀手，将其刺死在床。据警方透露，杀人嫌疑犯户顷佳寿子61岁，是一名普通家庭主妇。当天凌晨，她抄起尖刀刺入了75岁丈夫户顷仪平的胸腔，房间里到处都是喷溅的鲜血。户顷佳寿子感到害怕，于是给110打了电话，主动报案。丈夫户顷仪平在被送往医院后，因伤势过重抢救无效身亡。

户顷佳寿子对自己的罪行供认不讳。她说，我照顾他，实在是照顾累了。杀了他，我也不打算活了。原来，她视卧病在床10多年的丈夫为负担，日复一日的护理生活让她看不到任何希望，最后终于向久病的丈夫举起了尖刀。而据户顷佳寿子多年的邻居透露，在她丈夫没有患病之前，两口子的感情非常不错，一度让人羡慕。

为何一对恩爱夫妻最后上演了令人唏嘘的"杀人大剧"？从表面看，是因为丈夫长年卧病在床。而更深层的原因或许是，在"高龄少子化"不断加速的背景下，日本政府、社会以及家庭应对患病老年人问题的无力。

首先，日本政府虽然一再表现出"高姿态"，但由于财政紧张口惠而实不至，各项用于老年人的医疗开支实际上被大幅缩减。近年来，老年人的医疗费每年都占日本全国医疗费的53%以上。为减轻这一负担，2008年，日本政府开始实施"长寿医疗保险"制度，每两个月一次，定期从老人们的养老金户头扣除一笔不小的金额，引起日本老年人抱怨连连，被批为冷酷的"弃老"政策。依靠少得可怜的养老金生活的日本老人一旦患病，为节省开支只能依靠老伴看护，时间长了谁都受不了。

其次，日本需要护理的患病老年人已经超过了社会承受极限。随着老年人口数量的增长以及平均寿命的不断提高，在日本需要护理的患病老年人呈现出爆炸式增长。据日本厚生省2010年的统计，需要护理或照料的患病老年人数量达到390万人，而且这支队伍还在不断扩大。而卧床不起的老年人当中，53%的人卧床时间超过3年，3/4的人卧床时间超过1年。对卧床不起的老年人，一般需要长期护理，其护理负担也相当沉重，日本社会已经无法提供这么多设施和护理人员。

最后，由于结构和规模的变化，日本家庭也逐渐失去了对老年人的护理能力。在传统社会，日本家庭一般由子女和配偶共同承担老年人的护理。但在快速的工业化和城市化过程中，这一情况发生了很大变化。近年来日本老年人家庭增长迅速，40%的老年人或者独居或者只有夫妻在一起生活。根据日本厚生省发表的"国民生活基础调查"，现在日本1/3的家庭有老年人，而其中近一半的家庭只有老年人，需要在家护理的老年人则超过了100万人，达到最高数量。另外护理卧床不起老年人的人当中，25%为70岁以上，表明老年人护理老年人的所谓"老老护理"情况尤为严重，也说明了居家护理的严峻现实。此次发生的血案，就是长期"老老护理"导致家庭崩溃的典型案例。

这出不堪忍受过重护理负担，导致家庭走上绝路的悲剧，说明日本患病老年人的护理已经不是个别家庭的问题，而是成为了一个全社会性的问题。日本如果不引起高度重视，只会让更多的老年人患病家庭成为社会的"定时炸弹"。

日本妻子的"报复心"为啥这么强？

说到日本女性，人们就都会想起描述世界上最幸福生活的那一个句子："娶日本的老婆，有中国的厨子，拥法国的情人，住美国的房子。"娶一个日本女人做妻子，是男人们的终极梦想。而今，世事变迁，日本女性温柔安在？

近日，日本某调查公司以 1000 名 20—40 岁年龄段已婚女性为对象，进行了一项有关"夫妻吵架"的调查。吵完架后会对丈夫实施不同程度"报复"的妻子多达 76.6%。最多的报复行为是"保持沉默"（38.8%）、其次是"不做家务"（29%）、"大量花钱"（27.4%）等。

温柔的外表下，藏着一颗强悍的心。惹怒日本妻子的"后果"是，和丈夫冷战，不给丈夫做家务，花掉丈夫的积蓄，从精神上和物质上双重"报复"丈夫。另据调查显示，全职主妇和非全职主妇中，表示对丈夫"没有不满"的分别为 18.5% 和 20.5%，差别不大。相反，表示不同程度"不满"的主妇多达 8 成。

日本妻子的"报复心"偏重，源于对丈夫的极度不满，打的是"反击自卫战"。导致日本夫妻关系恶化的最主要原因就是"财务问题"，远远高于其后的"缺少爱情""与对方亲人之间存在矛盾"等因素。

日本夫妻也同样面临柴米油盐等繁琐而基本的生活问题，不景气的日本经济，让日本的男性们在工作和收入上面临压力。这种外部的不景气，也让家庭生活很低迷。日本 DIY 生命保险公司最近以 500 户家庭为对象实施了一项调查，结果发现其中半数以上的家庭都曾因金钱问题产生过矛盾。

物质是维系家庭生活的基础，在日本妻子眼里，丈夫赚钱没本事，还得天天小心伺候，自然心里不乐意。有76%的已婚女性每天都亲手为丈夫准备晚餐，而其中近50%女性的丈夫经常对晚餐表示不满，主要表现有"下酒菜就这么点""味道不如以前"等。丈夫的挑剔与高标准，让日本妻子们心生不满。

若日本丈夫能够在床上安慰下妻子也就罢了。可是，屋漏偏逢连夜雨，日本丈夫对妻子往往性冷淡。很多日本丈夫认为，"婚后的安定生活使性失去了神秘色彩，性冲动减少。"对妻子表示出性冷淡，但贼心不改，不时寻花问柳，享受采野花的乐趣。以致妻子对丈夫性冷淡的真正原因产生怀疑，进而对丈夫失去信任，最终导致婚姻危机。

怪不得，在关于"你认为破坏夫妻关系的主要责任方是谁？"的调查中，83.8%的日本妻子回答的是丈夫。日本妻子的"报复心"这么强，日本的丈夫们负主要责任，赚钱能力不强，过于挑剔，难伺候，不懂妻子，还对妻子性冷淡，可谓家里家外，床上床下都不行。这样的丈夫，太不争气了，不遭到妻子"报复"才怪呢！

日本妻子五招让老公爱得死去活来

现在的日本，已经一路小跑地冲进了"超少子高龄化"时代。有专家预计到2030年，日本人口将减少1702万人，65岁以上的高龄者比率也将升至31.8%。

另一方面，作为繁育后代的"主力军"，中青年夫妇们的表现却又让人着急。有调查表明，日本72.8%的夫妇性冷淡，每月的房事几乎为0；夫妇双方出轨或曾经出过轨的比率高达近50%；夫妇每天交流超过2小时的家庭仅为11.4%……

无小家不以为大国。日本夫妇们的家庭危机，已经直接关系到20年后的国家命运。人都说"七年之痒"，30岁出头的夫妇们面临最大的危机就是出轨问题。在许多女性看来，日本连续经历了两次"政权交替"，但自己在家里的"政权"却不能随便被外面的女人取代。同时，也要让丈夫像日本维新会代理党首、大阪市长桥下彻老老实实向媒体记者承认的那样，"在家里，我永远是少数的在野党"。那么，怎样提高老公对自己的兴趣，防止老公出轨呢？一些聪明的日本主妇总结出五大招数，据说能让老公爱自己爱得死去活来。

第一招，要做一个能和老公一起逃避现实的老婆。不管夫妻平时如何勤俭持家，有了值得庆祝的事情，也一定要像婚前约会时那样，一起到高级餐馆去大吃一顿。如果老公主动请客，那就更要受之无愧，大快朵颐，而不是在点菜的时候总把价格挂在嘴边。"这个太贵了，我不吃""别点太多，这个月超支了"之类的话绝对不能说。这就是"家里的女人"和"外面的女人"的一大区别。在老公想逃避现实的时候，不要让他也顺便逃避你。

第二招，老婆的态度和言行可以防止老公出轨，赞扬老公的话永远是首选特效药。不管是新婚夫妇或老夫老妻，老婆都不会对老公的甜言蜜语感到厌烦，老公又何尝不是呢？早上在给他系领带的时候顺便表扬一下他的西装，晚上他下班回来后表扬一下他的工作成绩，等等，简单的几句话就能让他有被崇拜的感觉。既然在家里能感受到，他又怎么会出去寻找呢？

第三招，在"爱"里加点"情"。这个"情"字说的不单是情色，而是"喜、怒、哀、乐、爱、恶、欲"七情。谈恋爱时的女孩儿会有开心、不安、思念、胡思乱想等各种"情"；结婚后随着年龄的增长，一切都变得理所当然，老婆内心的"情"也变得单调起来。夫妻在一起无论多久，都要向老公展示一个多"情"的自己，这样才能不让他感到乏味，而到外面去找新鲜。

第四招就一个字："脱"！几乎所有女人都认为自己是美丽的，但随着年龄的增长，在体型越变越胖的同时，身上的衣服也越来越厚，这就很令人费解了。一到冬天，看着自己的老婆穿上厚厚的保暖内衣，再套上毛衣毛裤、棉衣棉裤，哪个老公还会有兴趣？他们自然就会将目光转向短裙丝袜的年轻女孩儿。所以即使再冷，也要勇敢地"脱"。

第五招，用"情"管住老公的胃。中国有句老话，想管住男人的心，就要先管住他的胃。日本的主妇们在这一点上做得当仁不让。但结婚的年头越久，老婆会将给老公做饭这件事想成"例行公事"。所以才会出现老公加班回家晚，老婆一边躺在沙发上看电视一边说"冰箱里有饭，自己热一下"这样很让老公失望的场景。

用"情"管住老公胃的秘诀是，无论给他做过几百几千次饭，也要像第一次给他做饭时那样，一边看着他吃一边很期待地问他："好吃吗？"被这样问的老公，不但会温柔地回答你："好吃！"还会心里暖暖地想，有这个老婆真好。试问，他怎么还会出轨呢？

可以看出，日本女人的这五招并不是居高临下地"管"住老公，而是不断增加自己作为老婆的魅力，让老公充满兴趣。不是有这么一句话嘛，"男人永远是长不大的孩子"。

日本丈夫出轨因不满妻子五种行为

在夫妻关系里面，情感"开小差"，距离"出轨"就不远了。在日本社会里，将其称为"不伦"。从字面上看，日本人对这种有失人伦的事情似乎深恶痛绝。但是，"不伦"之事在日本发生的比率之高，恐怕是许多国家难以相比的。据日本媒体报道，这里面固然有"家花不如野花香"的元素，但一些具体的原因也还是存在的。

第一，日本"不伦"丈夫最不满意的就是妻子在家不爱做饭。"想抓住男人的心，就一定要先抓住男人的胃"，这句中国名言在日本也一样通用。目前的日本，夫妻一起工作挣钱的家庭开始增多。妻子在外面忙碌了一天，回到家来也想倒在沙发里被人伺候一下。丈夫们回到家后，往往要主动承担起做饭的任务。

当然，日本家庭中有的妻子即使不出去工作，也不愿意做饭。每天一到晚上就发短信给丈夫，叫他在回来的路上自己解决晚餐或者买便当回家。一位35岁刚结婚不久的日本男人对媒体说："与其回去做饭伺候她，还不如我自己在外面吃。既然可以一直在外面吃，那为什么不可以另外找一个女人陪陪自己呢？"

第二，日本"出轨"丈夫都不满妻子对自己过于"放任"。虽然大多数男人都不想变成"妻管严"，但是好容易结了婚，如果一点被关心的感觉都找不到也不行。"自由"和"没人管"往往只一线之隔。更为重要的是——男人永远是孩子，不管他身材多么魁梧，不管他在外面担任什么职务，不管他有多大年龄！

一位50岁出头的男人一脸寂寞地对记者说："我妻子基本上每天不过问我的事情。我是爱出去就出去，爱回来就回来，好像都跟她没有任何关系一样。就算我早早地回家，她都懒得问上一句。她只是把我的工资攥得死死的。好在我还有本事挣点'私房钱'。现在，我好怀念当初恋爱时被管得死死的日子啊！"

第三，日本"出轨"的丈夫都不满妻子对自己的收入说三道四。日本大部分已婚女性是专职家庭主妇。有的主妇虚荣心强，白天丈夫上班后，她就会与曾经的闺蜜或邻居太太闲聊天，总会不经意地攀比一下。从穿衣到首饰、住房到用车，一旦被别人比了下来，丈夫下班回家后，就看不到好脸色，甚至还被冷嘲热讽。

一位32岁的爸爸说："我那3岁的小女儿要去迪士尼乐园玩，我妻子哄她的时候说：'乖，听话，爸爸挣的工资，这个月家里都不够花了，我们等下个月初爸爸发工资的时候再去好吗？'我听了这句话以后都快哭出来了。有这么不带脏字骂人的吗？这比直接骂我还要伤心啊！算啦，我只能到别处去寻找情感安慰！"

第四，日本"出轨"丈夫都不满妻子有了孩子就冷落自己。很多日本女人生了小孩之后，就一门心思扑到"小情人"——孩子身上。对身边的丈夫则日渐冷落，直至视而不见。丈夫一旦靠近亲昵想做些"不轨举动"，妻子马上就像触电一样弹起来跑开。有的还一脸怒气地压低声音责备："你是想教坏孩子吗？！"

一位深受此苦的36岁男人说："孩子2岁前，我看见妻子忙前忙后那副小妈咪的样子，觉得她这样挺可爱的，我也还能忍一忍。但是，眼看着孩子一天一天地长大，她只有在我抱着孩子的时候，对我流露出那种母性温柔的眼光，其他的时间，就根本不把我当人。那之后我就再也忍不住了。可是，这能怪我吗？"

第五，日本"出轨"丈夫都不满妻子结婚前后外貌反差大。有的日本女人结婚前非常时髦，无论是穿衣、化妆还是一颦一笑都像在闪闪发光一样，足以让她的男人带出去炫耀一番。而一旦两人成功走入婚姻殿堂，妻子却像变了个人似的，那种"小轩窗，正梳妆"的风景从此不再，每天都懒得化妆、不修体毛和指甲。

一个40岁的男人感叹说："当初，我和她约会的时候，即使在公共场合去上厕所，她也要在里面磨蹭半天才出来呢。然后还会撒娇让我看，问我新上的妆漂亮不漂亮。自从结婚以后，她那不化妆又不愿意整理腋下体毛的样子，真的就像一只脏猴子。所以，我偶尔也想和真正的'女性'亲密接触一下啊！这错了吗？"

写到这里，我想悄悄地问：中国年轻的以及正在走向"徐娘"的妻子夫人太太们，你们感到自己躺在地上中了几枪吗？千万不要过于放心自己的丈夫，以为"我家老公不是那种人"。到时候，就追悔莫及了。心有所悟的妻子夫人太太们赶快以此反省一下自己，把你们处于"出轨中"状态的老公夺回来吧！

山口百惠夫妻从不吵架的"诀窍"

山口百惠，春融寒冬改革开放后一代乃至当时几代中国人的偶像。记得大学时代，女友的容貌与山口百惠有些相似，但还没有到酷似的程度，她自己也常常为他人这样的评点而欣喜，我感到自己肯定不是三浦友和，于是在最后的时刻尊重了"爱的选择"。然而，因为有着这样一种"半生缘"，就让我这个与娱乐几乎无缘的人多少年来还在藕断丝连断断续续地关注着山口百惠，尽管也时常在吟诵"君不见，高堂明镜悲白发，朝如青丝暮成雪"的时候意识到不应该再去做这种关注了，但飘忽的心绪往往是理智难以掌握的。

在日本，各种纪念日很多。11月22日，是"好夫妻之日"。我猜想，这是从"11"、"22"成双成对引申出来的。这一天，日本《女性自身》周刊评选出15对"理想的夫妇"，位居榜首的居然又是山口百惠和三浦友和。

如今已经是50岁家庭主妇的山口百惠为什么会有如此持久不衰高潮迭起的人气？投票者列举的理由有"事业有成，闪电引退""结婚29年，安心做好家庭主妇""夫妻从不吵架"，等等。

世人都说，结婚成为夫妻、成为一家，每天就像锅盖要与锅沿相碰一样，磕磕碰碰是不可避免的，吵架拌嘴也是无法避免的。但是，山口百惠夫妻偏偏结婚29年，没有发生过一次争吵。这其中的"诀窍"何在？

这个问题，若是问山口百惠，肯定没有结果。至于原因，你可以自己去想。还好，她的丈夫三浦友和在接受《鲜活生活》月刊采访的时候透露了出来。他是这样说的："我们夫妇从来没有吵过架。在感觉到要吵架的时候，就都退一步。我们可能过于理想化了，但是我们每个人都没有忘记当时要一起结婚的心情。"

说起来山口百惠如今是家庭主妇，但山口百惠是在事业有成如日中天的时候选择去做家庭主妇的，因此她不是一般意义上的"家庭主妇"。还有，结婚29年来，山口百惠不知面临过多少诱惑，只要她点头出山，硬通货就会滚滚而来，但是，她引退以后就没有在公共场合闪现过一次靓影。做出如此"牺牲"的女性，一般都会或多或少地有些"居功自傲"、有些"幽怨"，特别是伴随着岁月流逝年轮增长而出现一种难以自拔的对往昔的眷恋，这种情境之下，夫妻之间出现一些争吵应该是再正常不过的了。

事实却不是这样。50岁的山口百惠凭借着"退一步"维系了一个和平而温馨、平和而幸福的家庭。如今，她25岁的大儿子祐太郎和母亲一样，走上了从事音乐事业的道路；她23岁的小儿子贵大和父亲一样，走上了从事电影事业的道路。

退一步海阔天空。山口百惠因为"退一步"而人生之树结出累累硕果。

夫妻不吵架，家和万事兴。这是山口百惠用"退一步"的成果告诉我们的。

日本旧郎旧娘们热衷"离婚典礼"

昨夕天上比翼鸟，今朝别离各自飞。对日本社会来说，婚姻已不再是爱情的永恒见证。根据日本厚生劳动省的统计，2011年日本共有23.5万对夫妻离婚。由于同年结婚的夫妻有67万对，单纯算来日本离婚率已高达35%以上。

不仅如此，离婚观念也在日本社会中发生着变化。因离婚而感到丢脸、苦恼的人越来越少，反之大张旗鼓地搞"离婚典礼"的"旧郎旧娘"们越来越多。不只是年轻人，就连很多中年夫妻也体会到，离婚未必是件坏事，搞个"离婚典礼"庆祝一下人生的第二次启程，又有何不可？

为了迎合"旧郎旧娘"们的需求，日本甚至出现了"离婚典礼"策划公司。被称为"离婚典礼"策划第一人的寺井广树表示，"离婚典礼"对于准备离婚的夫妻来说，是一项非常重要的仪式。双方通过这个仪式将夫妻关系完全切断，约定从此互不纠缠，以全新的精神面貌迎接崭新的未来。

不仅如此，在"离婚典礼"上，"旧郎旧娘"们还能与结婚典礼时一样，接受家人及朋友们的祝福。以前夫妻离婚后，通常是双方"老死不相往来"。而通过"离婚典礼"，双方得以体面地约定今后仍是朋友。这对于保持前夫、前妻的圈子人脉也能起到很大作用。

另外，举行"离婚典礼"的价格非常便宜，远非结婚典礼可比。"离婚典礼"大致分为 5.5 万日元（约合 4500 元人民币）、10 万日元、20 万日元三个价格段。这三个服务价格在典礼质量上没有太大区别，所不同的只有会场而已。如果打算只花 5.5 万日元办个简简单单的仪式，就可以把会场安排在浅草的"离婚屋"。这种"离婚屋"是由普通民宅改建而成，倒也温馨雅致。如果花到 10 万日元，就可以在饭店或屋型船上举办典礼。花到 20 万日元的话，就能享受到与结婚典礼相同规格的服务。当然，如果"旧郎旧娘"们想在"离婚典礼"之后办个庆祝酒会，也是完全可能的。

"离婚典礼"的仪式流程也非常正规和专业。主持人会首先邀请"旧郎旧娘"入场，之后向来宾们高度概括地解说这对旧人从相识、相恋到结婚、蜜月，最终走向矛盾、离婚的过程。"旧郎旧娘"会在随后分别致辞，感谢家人和朋友的支持。最后，两人将举行"砸戒指"的仪式，通过将当初的婚戒砸烂来表明自己永不反悔的心志。典礼结束之后通常会有冷餐会，大家可以尽情交流，缓和也许会有那么点尴尬的气氛。

最近，很多"旧郎旧娘"更是别出心裁，要求在两人曾经订婚的地点举行"离婚典礼"，并在典礼上扔"旧娘捧花"，接到的人就是下一个离婚的人。除了这种浪漫型的，还有不少激情型的旧人。他们在"离婚典礼"之后举办盛大的派对。婆家和娘家分成两拨，在派对上进行壮观的"扔蛋糕大战"。

可以说，日本夫妻逐渐开始认为"离婚典礼"可以给自己带来一个完美的离婚生活。举办"离婚典礼"最多的年龄段是 35—45 岁的夫妻。百年修得夫妻一场，好聚好散才是最应该。用"离婚典礼"为自己曾经的婚姻上演一幕"大团圆"结局，也许并不是一件坏事。

"三平四低"折射的日本女性心态

中国古代对妇女的要求有"三从四德"之说，如果套用这一词语模式来形容当今日本女性的择偶心态，"三平四低"也许再适合不过了。

不久前，日本某婚恋网站以 320 名女性会员为对象开展的问卷调查结果显示，72.8% 的女性希望结婚的对象具备"三平"特点：平均年收入、平凡的外貌、平稳的性格。不想，"三平男"取代"三高男"走俏日本、成为日本女子的择偶对象时间不长，情况似乎就又发生了改变。日本某生命保险公司最近实施了一项"节约生活和奢侈生活相关问卷调查"，结果显示，大部分女性的择偶标准倾向于"四低"——低姿态、低依赖、低风险以及低燃油费。

所谓"低姿态"，即男性对女性不摆架子，放低身段，态度随和；"低依赖"是指家事不过分依赖及推给女性；"低风险"是指没有被裁员解雇的风险；而"低燃油费"则表示会节约，在物价节节攀升工资却无望上涨的现在，会节约的男性更能博得女性的好感。

从"三高"到"三平"再到"四低"，看似是日本女性择偶标准降低了，实则是她们的自我意识有所提高而体现出的更加追求自然、平和的生活心态：既追求婚姻生活的安定，又要保持独立自主。日本女性对于择偶为何会有如此改变？这一变化又折射出怎样的心态？探寻原因，还是要从日本社会近些年的变化和女性地位的提高说起。

众所周知，日本经济自 20 世纪 90 年代初经济泡沫破灭，先后迎来"失去的十年"和"失去的二十年"，经济增长乏力致使收入降低，对日本人的生活产生了深刻影响。席卷日本的经济危机使许多日本女性意识到，经济不景气时生计会愈发艰难，此时与其努力开拓，不如退而求稳。而另一半平稳的性格与平凡的外貌，都是婚后生活得以安稳的重要保证。性格平稳的人不至于惹出事端招来麻烦，外貌平常也不要紧，只要看得过去，时间长了也就习惯成自然。当然，物质基础是维系婚姻的基石。眼下，日本社会受"就业难"困扰，"年功序列制"和"终身雇佣者"逐渐解体，临时工、小时工等非正式的工作形式越来越多。工作不稳定，收入也就无法确保。越是在这种非常时期，越能显出拥有一份稳定的工作的重要性，只要不存在失业的风险，中等收入日积月累，照样会聚沙成塔。所以，众多待嫁的日本女性会提出"三平"和"低风险"的择偶要求。

但相比之下，"低姿态""低依赖"或许应该是"三平四低"中更值得注意的。二者出现的根本原因，还在于日本女性社会地位的提高。

传统的日本社会是一个男权社会，作为男性附庸而存在的女性毫无地位可言，多年来始终存在的家庭暴力问题就是明证。日本政府每隔三年都会针对 5000 名男女进行关于家庭暴力的抽样调查。新近出炉的调查结果显示，受到家庭暴力的女性比例仍很高，32.9% 的女性坦言自己是家暴受害者，其中 25.9% 透露曾在家中遭丈夫拳打脚踢，有6.2% 的人更是经常遭受这类家暴。很多受害者对此忍气吞声，经济不自主是重要原因。

但是，情况也正在逐渐改变，自"二战"结束后日本新制定的法律增加了保护妇女权益的条款，半个多世纪以来，接受高等教育的职业女性越来越多。无论在劳动力资源稀缺的 20 世纪六七十年代还是经济泡沫破灭的 90 年代，也不管是为了补充劳动力不足还是为生计所迫，日本女性为自己家庭生活水平的保持、提高和日本经济的发展都做出了不可忽视的贡献。她们在经济上取得了独立，必然会提出与男性平起平坐的要求，男性不对自己摆架子并且分担一定的家务事，正是她们追求男女平等的表现。

　　未来，随着接受教育的日本女性日益增多，她们对男性的依附会相应减少。而只要能够自己养活自己，结婚并非一种必然选择。"高龄少子化"的日本社会要做的，也许应当是想办法切实促进男女平等。

日本"草食男"出现缘于女性变化

　　说起来大致是 20 世纪 80 年代前期的事情了。笔者所就职的共青团中央机关刊物《中国青年》杂志社内，有两位出色的女记者写了一篇《到哪去找高仓健？》的文章。这篇文章刊登发表以后，那期的《中国青年》一时受到热捧脱销，洛阳纸贵。当时，日本演员高仓健在电影中扮演的一个又一个"酷男"形象，就是改革开放后的中国女青年、男青年追逐向往的男性偶像，也可以说是中国青年从关注政治走向关注"人的形象"的一个转折，是中国当代青年重新认识日本的一个拐点。

　　但是，时过境迁。如今，在日本像高仓健那样气质阳刚、深沉稳重的"酷男"已经难寻难觅了。代之而来的是什么"宅男"、什么"草食男"，看起来阴柔秀美，听起来女腔女调，一副不男不女"中性人"的样子。据说，早在 30 年前，美国著名未来学家托夫勒就曾预言过世界发展的十大趋势，其中就包括性别的"中性化"。至少这一点预测，在日本是出现了。

　　日本一家周刊的问卷调查表明，受访女性 70% 感到身边存在"草食男"，24% 表示"不存在"，16% 表示"不懂什么叫'草食男'"。所谓"草食男"，就是像食草动物一样，在职场，没有出人头地的欲望，能够做好上司安排的事情，却绝对不会主动做上司没有安排的工作；在婚恋关系上，缺乏男子汉应有的主动，不会积极追求恋爱或性爱方面的事情；在家庭里面，喜欢自己独居独处，自娱自乐，不愿意和亲人们交流来往；对金钱比较细心，不希望花别人的钱，也不愿意让别人花自己的钱；在性格上表现得友善温和，不易和人发生冲突；在打扮上，喜欢使用化妆品，喜欢购买高档服装，甚至喜欢女性服装。

问题在于日本社会为什么会流行这种"草食男"？早稻田大学社会学部二年级学生川岛惠子告诉我说，"草食男"的产生是社会男女平等的一种新的表现形式。过去，男人的性别角色以及农业社会、工业社会的发展过程，都需要"男主外"，男女自然是不平等的。现在，社会已经进入"后现代化"时代了，日本也进入"少子化"时代，连孩子都不愿意生的女性在生存上不存在问题，在性欲上也没有过高的要求，这种"女强"才带来"男弱"，才导致"草食男"的出现。女性感觉到了一种平等，并不讨厌"草食男"，这也是"草食男"蔓延的原因。男性的社会偶像实际上都是按照女性的需求出现和打造的。如果女性普遍不喜欢这种形象，这种男性形象就不可能存在下去。因为社会毕竟是需要男女并存的。

日本东芝管理本部的佐藤贤二对我说，现在公司里面的年轻人与自己当年入社时的年轻人完全不一样。他们把工作当作维持生存的饭碗，而不是当作事业或者自身发展的途径。所以，他们也不会和上司发生冲突，几次听着不顺耳，就会辞职不干的。现在，反而是上司害怕这些年轻人。因此，在公司里面只要说谁是"草食男"，上司都要让他三分的。

日本"草食男"还有一些令人倒胃口的习惯。比如，和女性一样，喜欢坐着小便；喜欢化妆，使用的化妆品种类一点也不比女性少；甚至喜欢胸罩，喜欢包括裙子在内的女性服装。日本家庭主妇中岛惠子对此表现得很宽容，她说，日本"草食男"开始喜欢坐着小便，应该是马桶改革的结果。和式厕所让男人只能站着或者蹲着小便，而西式马桶如果站着小便的话，常常会把马桶周围搞脏的。所以，日本许多家庭妈妈让儿子从小就坐在马桶上小便。另外，年轻女性穿牛仔裤时，一般都在前面有拉链，这是过去男裤的象征。因为女性有了这些服装的变革，才会对"草食男"的服装变革显得容忍。

这样看来，日本男性的"中性化"，的确是来源于女性的变化以及女性的容忍与宽容呢。

日本大学校园女生正在"肉食化"

大学校园女少男多，并不是中国大学校园的独特风景，在日本也不例外。目前，日本首屈一指的高等学府东京大学里面，本科生数量为 14333 人，但女生仅有 2716 人，占全体学生的 18.9%。

对于东大的男生来说，女生可谓"稀世宝贝"。据统计，女生最多的教育系里，其比例也不过 40.1%，工学系的女生比例只有可怜的9.4%。此外，外语学院的男女比例也不均衡，其中法语系女生最多，而德语系女生最少。

上大学，谈恋爱，似乎是应该同时并举的事情。围绕着东大女生的恋爱问题，学生之间流传着所谓的"银杏传说"。据说"考入东京大学的女生，如果第一学年在驹场校区内银杏树叶落了的时候还找不到男朋友，估计毕业之前也就不会找到男朋友了。"意思是说东大女生如果不能在入学后马上交到男朋友的话，很可能会孤零零地持续到毕业的。看起来，第一年，很关键。

不久前，东京大学进行过一项有关"恋人依存度"的调查，结果显示 26.8% 的东大女生经常向恋人倾诉烦恼，而这一比例在东大男生中仅为 7.3%。由此看出，东大女生学业上有成就，情感上依然是小鸟依人般地眷赖恋人。

据媒体报道，日本的大学女生逐渐"肉食化"。2006年日本性教育协会实施的"青少年性行动全国调查"显示，大学女生中有性经验的比例为62%，与1999年调查数据相比，整整提高了10个百分点。不过，这也打破了一个说法，那就是"在大学里找处女，比抓特务还难"。而大学男生中有性经验的比例为63%，几乎与女生持平，这个数据与前一次的调查数据几乎没有太大改变。如果男生"草食化"现象发展下去，这个比例很有可能发生逆转。

除此之外，调查显示，在日本的高中里面，有过性体验的女生比例为30%，比上一次统计提高了6个百分点。男生比例与前次调查相差无几，仍为27%。这样说来，日本高中已经出现女生"肉食化"、男生"草食化"的逆转现象。

最有意思的是，东京大学女生不久前还组织了"东大女生'性'座谈会"，人们实在无法想象这些"花朵般的大学女生"会在座谈会上放肆地大谈性事。不过，或许在不久的将来，这也会成为她们普通生活的话题吧。

日本女性从"姐弟恋"走向"父女恋"

世风悄然在变。"姐弟恋"，正在成为日本女性保守的过去；"父女恋"，则犹如新潮涌来，隔代恋爱已是稀松平常。

日本媒体最近公布一项调查结果称，日本30岁以下的年轻女性中，超5成愿意和比自己大10岁以上的男性恋爱。其中包括不少女性表示，就是相差20岁以上也"毫无问题"。

如今在中国内地，也流行"萝莉爱大叔"。相比之下，尺度比东瀛列岛小了很多。在一项网络调查中，6成中国女性表示对比自己大5岁以上的"大叔"感兴趣，显然和日本女性喜欢"隔代恋"有不小的差距。

美国《芝加哥论坛报》曾刊登了一篇题为《日本女性疯狂找首尔男友》的文章。报道说，韩国男性被称为"亚洲的意大利人"。健康的身体和为期 2 年的义务兵役把年轻男性打造成在亚洲身心等各方面均最成熟的男性，所以获得了这一称号。

日本女性为了找大龄熟男，不惜跨出国门，可见其内心之热切。人称女性是"享受型动物"，需要稳定、安全感和责任感。看起来，嫁给父亲辈的老男人们，能够满足她们的诉求。

首先，在日本女性看来，老男人们具有魅力和较强的包容力。男人一般成熟得较晚，有句话，"男人四十一枝花"，中年"熟男"往往最能吸引女性。

老男人们在日常为人处事中更自信、淡定，还不乏幽默感，让女孩子们容易着迷。同时，成熟男人理解问题，认识问题，包括解决问题的能力似乎比青涩的男孩子们更接近现实，更容易被人们所接受，更能够带给女性以安全感。

其次，在日本女性看来，老男人们经过多年的打拼，拥有了一份稳定的事业和较高的社会地位。有道是，"干得好不如嫁得好"，选择成熟男人女性不必面临创业的艰辛和风险，还可以在较高的起点上开始自己的事业和生活。

男人越老越值钱，男人越老也越有钱。有了稳定的事业，收入自然不成问题。丰厚的物质不只是婚姻与爱情的基础，更是给女人以安全感的有力保障。

最后，在日本女性看来，老男人更知道疼女人。常言道，女人是用来疼的。在这方面，久经历练的老男人们，可谓经验丰富。在处理与女人的关系时，他们所采取的态度则是能让则让，能爱则爱，能哄则哄，手法老道，这在女孩们的眼里则就成了会欣赏、会宠爱女人的优点。

他们不会像二十几岁的小伙子那么毛躁青涩，他们懂得如何体贴女人。他们亦更懂得珍惜，懂得如何去生活，如何享受生活，不再会好高骛远。

除了老男人本身的特质，日本的整体社会环境和经济环境，也是日本女性喜欢隔代恋的诱因。日本经济面临困境，能够找到稳定工作的人越来越少，终身制逐渐瓦解，且整体经济发展前景不容乐观。很多日本女性要承受更大的生存和生活压力，有钱、成熟、体贴的老男人自然被她们所青睐。

日本女性喜欢和尚的背后有何玄机？

据日本体育报5月7日报道，近年来僧侣在日本女性中的人气大增。各种与年轻僧侣的交流活动中都会聚集大批年轻女性。参加活动的女学生表示："他们言行得体，和身边的男性很不一样。他们的禁欲主义也很吸引我。"

表面看，僧侣受到女性青睐，着实令人匪夷所思。但在日本此类现象应是稀松平常，因为日本的僧侣非同它处。倘若熟悉日本僧侣们的生活，就会发现他们的日子堪称丰富多彩，多种多样。

众所周知，日本的佛教自成一家，与中土强调戒律的"大乘"佛教有所不同。在日本，大多数和尚不但可以娶妻生子，可以吃肉，甚至还可以将自己的身份世袭遗传，包括我们所熟悉的"一休哥"，根据日本的历史记载，都是个风花雪月的"花和尚"。

日本僧侣受到女性青睐，自然是有原因的。日本女性和僧侣交流，一般是要花钱的，且还要报名申请。当然，这背后有多重原因。

首先，因为对僧侣好奇。很多女性尤其是年龄不大的学生，对僧侣本身就充满好奇。好奇心的驱使让她们愿意接触僧侣。有女大学生甚至直截了当地问："和尚会花心吗？"参加过类似活动的一位大三女学生笑称，活动让她对与自己平等交流的僧侣们的印象大为改观。

其次，寻求一种心理安慰和解除困惑。日本经济低迷，社会面临种种困境，失业率升高，就业愈来愈难，且日本刚遭受大地震不久，心灵的创伤还未痊愈，需要心理上的抚慰。社会危机往往会较容易引发心理危机，日本自杀率不断上升就是例证。在此语境下，尤其是女性，寻求心理安慰，显得很正常了。

埼玉县的一名白领女性称，"无论我跟他们聊什么，他们都能无条件理解和体谅，平时和朋友不能说的话也可以和他们说。"僧侣能从佛教教义出发给出切实的建议，也能启发人们自己解决心中的困惑，因此是一种可信赖的存在，自然会起到心理安慰的作用。

第三，对僧侣坚强意志的崇拜。日本僧侣虽然生活很丰富、很多彩，但他们的意志力一样很坚强，显然，这会给女性一种安全感，参加交流活动的女性对此并不讳言。

日本僧侣一样看重修炼，日本千叶县法华经寺每年的严冬进行"百日大荒行"，至今已持续了700年。修行完成那天被称为"成满"，尽管僧侣们胡子拉碴，但他们内心相信，经历了这百天的艰苦磨炼，自己的造诣又精进了一步。

2011年9月初下台的日本前首相菅直人近日再度踏上巡访日本四国地区88处名刹的"朝拜之旅"。2004年，菅直人承认自己在担任厚生大臣期间有10个月没有缴纳养老金，这一丑闻导致他不得不辞去了民主党党首的职务，然后剃光了头，身穿和尚的衣服参拜了88座寺院以示赎罪。可见，苦行、修炼在整个日本社会有着极高的地位。

最后，傍个僧侣，以求稳定。在日本僧侣也是一个职业，且是一个比公务员还稳定的职业。有女性主动邀请僧侣们参加男女联谊会，也有僧侣参加相亲会的。一名参加相亲会的37岁妇女说："如果嫁给一个拥有寺庙的僧侣，而不是嫁给商人，你就不必担心丈夫因公司重组而失业。"

日本女性择偶从"高富帅"转向"屌丝"

日本歌手松田圣子是亚洲的"不老传说"，在美国也相当有知名度，纵横歌坛20年而盛名不衰。据《中日体育新闻》报道，松田圣子近日"梅开三度"，这次选的结婚对象是一名普通的大学副教授。这就令很多日本人大跌眼镜了，认为这对松田圣子来说是"屈从"和"下嫁"。其实，这可以看作近年来日本女性在择偶问题上的普遍变化。

20世纪90年代，日本女性的择偶标准可以用一个词概括，"三高"！"三高"是指学历高、收入高、个子高。换作时下的中国话，应该就叫"高富帅"。

但如今呢，日本女性的择偶标准发生了新变化，"三平"男子开始广受青睐。什么叫"三平"呢？年收入平均、外表平凡、性格平稳，也就是所谓的"屌丝"。

年收入平均，指的是有固定工作的正式职工，年收入最好能达到400万日元。事实上，在日本的30多岁的已婚女性当中，丈夫的年收入基本都是300万日元以上。如今，日本女性走出家门进军社会的越来越多。相比之下，像以前那样，张口闭口就要求未来夫君年收入必须达到600万日元的"三高"女性越来越少。对于眼下的日本女性来说，最理想的模式是自己赚300万日元，丈夫再赚300万日元。两人一起往600万日元努力。

外表平凡，所以不会有外心。据日本畅销女性杂志 *DOMANI* 的调查结果，日本20岁以上40岁以下的女性最渴望从男性那里得到的东西，就是"安全感"。一个外表平凡的丈夫，不至于让人看着吃不下饭，也不至于让其他女性垂涎。这就会让她们多些安全感。

性格平稳，这是一个安定家庭必需的。有专家称，已婚女性应激反应的最大因素，就是丈夫的存在。日本职业女性压力大，时间少，没精力服侍丈夫，也没气力吵架。况且在日本的传统观念里，"相夫教子"依旧是女性的首要任务，即使是拥有全职工作的女性也难以解脱。有数据表明，日本职业女性平均每周办公 40 小时，做家务 30 小时。于是，一个性格平稳、体贴妻子的丈夫，便成为日本女性的首选。

追求"三平"男子的女性的首次出现，是在 2008 年秋天的全球经济危机之后。经济危机席卷日本，使得许多日本女性开始认识到，今后的日本，将进入一个不景气的时代，而且是个很难翻身的时代。于是，原本努力找"三高"的女性都逐渐放弃了飞上枝头的渴望，开始寻求一个安定的家。

2011 年发生的"3·11"大地震，更是刺激了日本女性敏感的神经。她们开始害怕一个人的孤独与不安，迫切地希望能有个人陪伴在身边，哪怕是放低标准也好。因此，曾经被排除在外的"三平"男子——"屌丝"反而成了抢手货。"3·11"大地震发生后，日本的结婚率同期增长了 15%，就很好地说明了这个问题。

"屌丝"们也有春天！

日本人气女星坦言喜欢"肌肉男"

前几天我还在谈日本"草食男"的事情，指出这实际上是日本女性社会变化的产物之一。这几天，就有日本人气女星站出来，公开地说不喜欢"草食男"，还是喜欢"肌肉男"。

事情发生在 2010 年 5 月 24 日。日本人气偶像藤本美贵和日本女子搞笑组合的伊藤沙织、虹川美穗子联袂出席电影《波斯王子·时光之刃》试映会。这 3 位娇娃在台上丝毫不掩饰对影片中饰演达斯坦王子的演员杰克·吉伦哈尔一身肌肉的羡慕之情，简直就是赞不绝口。藤本美贵用赏识的口吻说："虽然最近大家都在热议'草食男'，但大多数日本女性还是更喜欢'肌肉男'的。"她拿出明星敢于抖搂家底的本事，当场"秀"出自己独特的新婚生活，说自己每天早上都会像检查作业一样，首先爱抚地检查一下丈夫庄司智春的肌肉，然后就夸奖丈夫"腹肌真漂亮"。至于丈夫的反应，她就没有说了。

曾经作为"早安少女"主将之一的藤本美贵2009年7月刚刚结婚，这个时候"热乎期"还没有过去。以后会不会反目说自己又喜欢"草食男"了，实在是一个未知数。这次，她的这番"秀"，只是告诉我们日本还有"肌肉男"，而且也还是日本年轻女性追求的类型。

在这个试映会上，出场的日本女子搞笑组合的伊藤沙织也是新婚不久，她的搭档虻川美穗子如今是名花有主，已有婚约，正在为走进婚房做准备。因为如此，试映会当天，新娘和准新娘的心情都不错，但在语言上显然没有藤本美贵那样大胆和直白。作为嘉宾上场的日本原拳击手安东尼奥·猪木用调侃的语气祝福她们："在经济不景气商品卖不出的时候，能够把自己销售出去也真不错呢。"两人立即齐声回应："的确如此。否则就会马上成为存在仓库里面的滞销品了呢。"

嗯，日本人把没有嫁出去的"大龄女"叫作"滞销品"，我还是第一次听说呢。

日本早大教授"剩女论"带来刺激

作为日本私立大学"双雄"之一的早稻田大学，居然有一位深受学生欢迎的"恋爱学教授"——森川友义。他的课堂，经常是爆满，不得不几次更换教室，依然是"人满为患"；他讲课的时候，下面或者是鸦雀无声，或者是开怀大笑，当然也有议论纷纷的时候。一个教授的课程能够受到学生如此青睐，说明其内容贴近学生，靠近社会。人们固然不能要求大学校园里面所有课程都这样"客满"，但能够开设出来这样"客满"的课程还是值得细思的。

与中国社会一样，在日本名牌大学中就学的女学生越来越多。据不完全统计，东京大学中女生比例为18%，庆应大学为32%，早稻田大学为 34%。同样，与中国社会一样，日本的高学历女子也面临一个"结婚难"的问题。中日两国社会中存在这种共性的问题，还很少有人进行深入的对比研究。

他山之石，可以攻玉。当中国的高学历女子找不到解决"结婚难"问题切入点的时候，不妨听听坚持"恋爱均衡说"的森川友义教授的看法。他认为"恋爱"是以自己的恋爱价值和商品价值为基础的物物交易。一般而言，只有价值相同的男女才能成为恋人或夫妻。但是，在日本著名大学毕业的女生，尤其是像东京大学这样国立大学毕业的女生，很以为自己是高人一等，而不愿意与私立大学毕业的男生相处，这就是所谓的学历相同，价值观不同，导致大量高学历"剩女"的诞生。他强调名牌大学的女生都会犯一个错误，以为自己学历越高，魅力也就越大，殊不知，女性的魅力并不仅仅来自于高学历。这种把"恋爱"与商品社会的"物物交换"直接等同起来的观点，初听起来让人感到是一种"倒退"，更为许多"清高"的高学历女子至少是在表面上所不屑，但细品起来，却有"实话实说"的味道，恋爱——总有一个从空中落地的过程，区别在于"软着陆"还是"硬着陆"的过程，结果也会因此不同。

森川友义教授还指出，一个女人对于自己的投资，主要有三样东西，一是时间，二是精力，三是金钱，但是高学历的女性往往是口袋里有钱，却因为工作繁忙，没有时间，也没有充沛的精力，每天只是重复一样繁忙的工作，无暇顾及自己的感情与生活。他说，虽然是如此的生活现状，但是这些女性在自己的意识中，总觉得自己有钱有好工作依然是高人一等，相信一定会得到白马王子的垂爱，但是事实往往与此相反。因此，许多"剩女"必须检讨自己的生活：光有钱和工作是不够的。

日本早稻田大学教授森川友义的"剩女论"，或许会在中国社会引起不同的反响。长期以来，在研究中国的"剩女"社会现象的时候，有的学者认为这是社会"婚姻挤压"的结果，是男女比例不平衡造成的；有的学者认为这是传统婚姻观念影响的结果，就是男子只能"下娶"而不愿意"平娶"或者"高娶"；有的学者认为这是当前中国社会结构变化的结果，特别是户籍制度变化带来的结果。而实实在在从"剩女"本身进行研究的还不多见。

一个社会现象的出现，往往是一个社会"病症"的反映。如何望闻问切，如何开方下药，不同的医生，有不同的做法。为了解决"剩女"问题，不妨听听日本教授的。

中日两国"萝莉"为何都钟情大叔？

"年龄不是问题，真爱才是唯一"。最近，日本大雪纷飞寒流阵阵，但娱乐圈里却暖意融融。不少知名导演和艺人迎来了人生的"第二春"。继 2011 年 12 月，88 岁的知名导演铃木清顺迎娶小他 48 岁的新娘，为世人上演"老牛吃嫩草"的惊世之作后，3 月，日本 69 岁笑星加藤茶又梅开二度，在埼玉县抱回了 23 岁的美娇妻河原凌菜。

除了他们，日本娱乐界还有男星石田纯一（56 岁）与东尾理子（34 岁）夫妇，女星小仓优子（27 岁）与美发师菊地勋（40 岁）夫妇，知名音乐人佐桥佳幸（50 岁）与松隆子夫妇（33 岁）……在日本演艺界，"老少配"现象蔚然成风，而且婚后幸福美满，令人不禁感叹：唉，如今，日本"萝莉"爱大叔啊！

那么，日本人是如何看待"老少配"这一现象的呢？最近，日本扶桑社以 5000 名 20 岁年龄段女性、5019 名 50 岁年龄段男性，共计 10019 人为对象，实施了问卷调查。

调查把男女相差 10 岁以上的定义为"老少配婚姻"。调查结果显示，80% 的人表示可以接受"老少配"。其中，20% 的女性表示会选择 50 岁年龄段男性作为结婚对象，而男性会选择 20 岁年龄段女性作为结婚对象的更占到了 60%。

其实，和人们想象的大相径庭，很多婚姻专家经过长年研究发现："老少配"的婚姻稳定性远远胜过年龄相仿的夫妇。最近，中国北京市城区的一份离婚情况调查更佐证了这一点。媒体通过对 2011 年北京六个城区的 1020 件离婚案件统计发现，夫妻年龄相仿者占近一半，达 47.5%，大大高于老夫少妻的离婚纠纷。

在事实面前，无论中国还是日本，很多人都不得不承认，挑战传统观念的"老少配"或许更能构筑稳定的婚姻关系。那么，"老牛"靠什么吃到了"嫩草"，"萝莉"凭什么爱大叔呢？

其一，"老夫"懂得谦让。女人喜欢撒撒娇，有时候甚至显得有点"无理取闹"。但"老夫"们历经风风雨雨过来的，什么架势没见过？忍一时风平浪静，退一步海阔天空。何况是对自己的娇妻呢。相反，女人越是胡闹，男人谦让她，她后知后觉后会更对"老夫"死心塌地。一点点小委屈，换来甘心情愿，对此，"老夫"们是懂的。

其二，"老夫"会照顾人。在"老夫"眼里，少妻有时候更像孩子。由于社会经验和各方面的历练不足，无论在外打拼也好，在家留守也好，总有受委屈遭风雨的时候。"老夫"们毕竟过的桥长、吃的盐多，总能在这些时候给予少妻们一些最需要的关怀。和"愣头青"的丈夫们比起来，"老夫"们知道如何更好地照顾一个女人。

其三，"老夫"外遇概率低。老夫少妻，男人有外遇的概率也会大大降低，夜夜笙歌的日子，"老夫"们知道会忽略家中的爱妻，何况家里的少妻也有点不让人放心。"老夫"们看多了悲欢离合，更懂得家庭的价值。每天早早回家，不在外面拈花惹草，老夫少妻们的婚姻关系更安全更好维系。只要是真正相爱之后的结合，老夫少妻照样把日子过得恩恩爱爱的。

最后，"老夫"的责任感强。"老夫"们受传统教育时间久，对家庭、妻子和儿女更有责任感。岁月虽然悄无声息地逝去，但它并非踏雪无痕。岁月让踽踽的男人更加丰满，更具魅力。成熟的男人更像是女人前行道路中的一盏灯，消除了黑暗带来的恐惧，让女人更清楚地辨别方向，感觉到更安全，而这是女人最需要的。

　　有的女孩少时缺少父爱，有一种精神上的渴求；还有一些女孩少时就认为，只有父亲是最完美的男人，成年后也会按照父亲的标准寻找丈夫。她们会发现，年龄差不多的男孩身上不具备自己想要的，相反会在"老夫"身上找到。一个又给爱情也给父爱的男人，何乐而不为？这，或许就是中日两国"萝莉"们对大叔的温柔"算计"。

第三辑
日本女性与商业

美女校花难消日本食品的核阴影

美女向来兼具经济价值和宣传价值。面对灾区的农产品滞销，日本农林水产省最近打出了"美女牌"，借助日本美女"校花"们的靓丽外表，增进人们对日本食品的信心。

据报道，日本农林水产省为了推销地震灾区的农产品，近日请了9名大学生美女做"推销大使"。农林水产大臣亲自给这9名美女颁发了"声援美食学生大使"的证书，希望她们积极向海内外，尤其是向自己的同学们推销"日本的食品是安全的"理念。

这9名美女是来自日本各学校的"校花"，她们美丽清纯、知性可爱，可她们身上的担子却不轻。日本农林水产省用美女搞宣传，让人眼前一亮，很是养眼，亦容易引起关注。美女向来都是屡试不爽的营销或宣传由头，有实验证明，人们对美女说的话更信任。

美女固然好看，可从一个侧面反映出，日本食品在消费者的心里仍然被核阴影笼罩。2011年，日本大地震、海啸及核事故给当地产业带来沉重打击，很多日本民众表示，和被损毁的基础设施相比，核辐射的负面影响杀伤力最大。

日本的农产品仍旧被列在很多国家进口禁令的单子上，甚至灾区产品在日本国内都不畅销，不久前，日本从福岛县磐城市沿岸的海带和贝类中检测出了超标的放射性物质——铯，再次引起了人们的恐慌。

福岛第一核电站发生事故以来，日本政府不仅在福岛县、茨城县等地查出农产品放射性物质超标，在200多公里以外的东京都也发现了超标产品。尽管并非日本东北所有地方的食品都受到污染，但不时传出的"超标茶""超标米"的消息还是让很多人对灾区的产品不放心。

日本的一些超市、餐馆，如今会标明售卖蔬菜、水果或其原料的来源，产地距离灾区远的会很畅销。美国埃默里大学教授、国际原子能机构原顾问詹姆斯·史密斯认为，由于放射性物质会进入食物链，为了让消费者放心，日本政府应该进行严格的监测，公布检测数据。

实际上，福岛核电站事故后，日本厚生劳动省和农林水产省迅速制定出食品辐射值"暂行标准"，设定了安全上限，例如对于放射性铯活度的上限：水产品、肉、蔬菜等是每千克 500 贝克勒尔，饮用水、乳制品是每千克 200 贝克勒尔。消费者对检测结果还是缺乏信任。

有人担心核污染难以治理，以现有的科技水平无法预知潜在的对食物链和人体的影响。专家指出，随着时间推移，福岛核事故造成的污染主要以半衰期长的放射性铯为主，其中铯 137 的半衰期为 30 年，这意味着日本境内的"热点"可能长期得不到"冷却"，对食品安全和居民健康构成长期威胁。

可见，重塑消费者对日本食品安全的信心，关键在于驱散核阴影，让消费者更加及时真实地了解情况。通过美女校花传递"日本的食品是安全的"显然是"治标不治本"。

日本商家"瞄准"女厕所有何居心？

说起厕所，总让人觉得不雅，也无法让人把厕所与商机联系起来。其实商机无处不在，只要有善于发现商机的眼睛，即使是"不登大雅之堂"的小小厕所，也能觅得无限商机。

最近，在"厕所文化"盛行的日本，一些精明商家就打起了女厕所的"主意"。当然，他们不是在女厕所里安装摄像头"盗摄"，而是在洗手间里打广告，为上厕所的女士们免费提供一些产品和服务，吸引她们购买。

据日本《产经新闻》报道，以电车站为中心，日本各个车站大楼和购物中心内相继出现了更为舒适、高级的女性洗手间。良好的环境让如厕的女士们神清气爽，商家乘势在厕所摆放一些免费试用品，提供一些如美容化妆等服务。在高级洗手间使用完试用品和服务后，直奔专柜咨询和购买的女性顾客也不在少数。

为何在洗手间里做广告也能让日本女性掏出钱来，或许日本商家正是看准了洗手间广告对女性顾客的"三高"：高效果、高到达、高覆盖。

首先是"高效果"。对于众多日本女性来说，调节状态也好、购物中休息一下也好，不管出于什么目的，大家都渴望能抽空儿放松一下。而日本人对如厕环境永无止境的完美追求，使各个洗手间能让人极度放松。在这种环境里，感性的女性人群注意力特别容易涣散。心理学家表示，人在放松时心智最薄弱，也最容易受到诱惑。因此，只要有一点信息就能激活她们的注意和兴趣，免费试用品和服务会很快成为她们视觉的中心。如厕的女性会主动获取广告信息，最快速度地对"洗手间广告"产生共鸣，最后形成最终消费。

其次是"高到达"。日本作为商品经济高度发达的国家，各种广告无处不在。但在快节奏的日本社会，电视广告要受制于观众手中的遥控器，户外广告要看过路人"眼色"，网络广告还得跟着鼠标跑。只有洗手间广告能与最终客户"零距离"接触，直接面对最终端消费者，不仅省却中间环节费用，而且广告受众流失率几乎为零。而女性比较倾向于通过视觉和亲身体验来做出判断。在洗手间提供免费试用品和服务，不仅能让她们亲眼看到，还能让她们亲身感受，效果不言而喻。

最后是"高覆盖"。洗手间是每个人每天必须要进出的地方。统计显示，平均每个人每天在卫生间里至少要待上15分钟时间。而女性的生理特点，更是决定了她们比男性待在洗手间的时间要长。在日本，无论是职业女性还是家庭主妇，活动在写字楼、商业设施的时间要远远超过待在家里的时间。日本家庭基本由妻子掌握经济大权，而单身女性更是可以自由支配收入。不用费心费力地上门推销，只需在写字楼和商业设施里"守株待兔"，就可以抓住这么多具有消费能力的女性，也难怪商家们要打女厕所的"主意"。

日本嫩模原干惠彩绘涂身半裸出现

日本嫩模电影发布会现场惊现人体彩绘，凹凸有致的身材让人浮想联翩。据报道，2011年5月31日，23岁的日本当红平面模特原干惠出席东京都内举行的电影《X战警》发布会，初次挑战"全身彩绘"。

发布会现场，原干惠全身蓝色彩妆，与影片中性感角色"Miss Tick"惊似一人。据说这一身性感蓝色彩妆花了足足三个小时，以至于绘制结束后原干惠对着镜子中的自己竟大呼"这是谁啊"，她还透露"忍着不笑场还真挺困难"。94cm的G杯傲人胸部一直是原干惠的得意之处，远远望去颜料似乎直接涂抹在了这对酥胸上，引得现场猜测声不断。

不过，原干惠一句"请大家自己想象吧"的回答还真是让人忍不住遐想，男影迷更是个个心里一颤，不禁欢呼起来。

日本乒坛美女转身设计性感比赛服

日本乒乓球运动员四元奈生美堪称当今日本乒坛最美女将。说起来，她与中国也有缘分，曾经加盟中国北京乒乓球俱乐部队，参加过2004年中国乒乓球俱乐部超级联赛。有人说，四元奈生美挥起球拍来风情万种。更有一位男选手在混双比赛后开玩笑地表示：和她对阵，你的注意力很难完全集中在球上面。

尽管参加过中国的乒乓球联赛，四元奈生美的球技在日本还是被认为是"二流"。但是，四元奈生美很有抓人眼球的本事，最引人注目的就是在比赛中经常穿出自己设计的"奇装异服"。中国《乒乓世界》杂志副刊的封面对此曾有刊登。因此，有媒体这样评价：四元奈生美常常可以让一场比赛变成服装秀。

眼看着自己的技艺没有显著提高，四元奈生美也不"一根筋"地走到底，而是把职业重心从打球转向演艺和服装设计。2011 年 1 月 27 日，她的第一本题为 *YOTSUMOTO* 的写真集将要问世。在这里，32 岁的她要公开自己设计的最新服装。这套服装重点在"胸"，她内心希望自己设计的服装有一天出现在世界赛场上。

日本时装界也比较看好四元奈生美，认为她的设计大胆而不失优雅，很容易吸引球迷的目光。四元奈生美则盼望通过与众不同的服装，"让乒乓球运动变得更加明亮活泼"。不过，设想一下，如果今后世界乒坛上都是如此服装，那大概也就不叫"乒乓球比赛"了。但是，这个世界上许多事情是难以预料的。

第四辑

日本女性与社会

旅日中国女性频遭毒手教训深刻

近年来，随着移居海外的中国人越来越多，华人女性也呈现出占"半边天"的趋势。从日本法务省公布的在日外国人数据来看，目前在日中国人已超过 68.71 万人，成为第一大外国人族群，其中华侨女性人数高达 40.11 万人。不过，同时应该看到，"树大招风"，诸多伤害事件也频频降临在华人女性身上。

2012 年 7 月底，日本最高法院对 12 年前杀害中国女留学生韩颖的凶手加贺山领治做出死刑判决。本月初，埼玉县地方法院又对 6 年前残忍绞死中国籍女子沈朝芬的犯罪嫌疑人齐藤胜彦判处无期徒刑。谁料，没过几天，又有中国女留学生在回家路上被陌生人砍伤。在日中国女性为何屡屡成为犯罪分子下毒手的对象？

从日本社会现实来看，男尊女卑思想根深蒂固，女性处于弱势地位，注定其容易成为被施暴的对象。当经济形势不景气时，生活中不稳定因素也随之增加，生活压力陡增。看不到未来，眼前的状况又无好转的趋势，人们焦虑、恐慌等负面心理体验和不良情绪也在日益加重。此时，地位相对低下的女性较易受欺。

那么，为什么偏偏在日中国女性容易成为受害者呢？回答这个问题，需要了解这个群体的一些特点。首先，在日中国女性的安全防范和自我保护意识比较有限，尤其是受害的留学生。学校相对封闭的环境，让留学生缺少打磨和历练。韩颖和近来受害的那位中国女留学生，都是深夜时分一人走在路上时惨遭毒手的。

其次，从事风俗业或经营按摩店、美容店的在日中国女性占有相当比例。虽然日本政府对这些行业从经营到从业资格都有种种细致甚至苛刻的规定，但实际上，其背后都有黑社会组织作为保护伞，而为了获取经济利益，为数不少的在日中国女性在违法经营或从业。正应了那句话："常在河边走，哪能不湿鞋？"

分析韩颖案和沈朝芬案，可以总结出几个共同点：一是作案手段极其残忍，连续刀刺甚至活活绞死，造成人身伤亡的严重后果；二是案发时间都在深夜，人迹稀少，为犯罪分子下手提供了可乘之机，且不易被发现；三是破案过程艰难，时间漫长，而且日本法律少有保护华人的条款，判决结果不一定对华人有利。

比如中国女性沈朝芬遭受凶杀案，尸体被警方发现的时候已经化成累累白骨，其凶残性引起整个在日华人社会的震动，大有"不杀不足以平民愤"之势。出人意料的是，埼玉县地方法院却以"认罪态度良好"为由，最终判决杀人凶手无期徒刑。那么，对于在日中国女性而言，从中应该得到哪些教训和启示呢？

首先，应该提高安全防范意识，树立"安全重于泰山"的意识，把自身安全与在国内外亲人的担忧结合起来，认识到个人安全并不完全就是个人的事情，增强防范技能，学会保护自己，把可能发生的人身伤害系数降到最低，尤其是在眼下中日两国关系紧张、不确定因素增加的特殊时期，特别要对此加以注意。

其次，就是加强团结。设想，如果在日中国女性是夜半时分结伴回到住处，即便犯罪分子有犯罪的念头，碍于人多势众，也不敢贸然动手。如今，一些在日中国女性出于"面子"，出于对"个人隐私"乃至"私生活"的保护，喜欢"挑单"回家，又忽视对环境安全的确认，结果等于给犯罪分子下手提供了机会。

最后，要从自身做起，知法守法，这样才能避免涉嫌违法犯罪事件，从而远离伤害。应该指出，一些在日中国女性，时常做出打法律

"擦边球"的事情，甚至认为"风险越高收入越好""风险与收入成正比例"。如此思维与行为，势必有朝一日要么触及法律的红线，要么遭到犯罪分子的袭击，必须引以为戒。

"慈母手中线，游子身上衣"。不论到了什么时候，都是"儿行千里母担忧"。需要重复指出的是，每位在日中国女性的身后，都有关心、牵挂她们的家人。一旦发生人身意外，影响的绝对不仅仅是自己，还有家人的正常生活。所以，为了自己也为了家人，在日中国女性应该高度重视自身安全的问题。

在日华人女性频遭家庭暴力的背后

只因整理的房间没让日本丈夫满意，被其捆住手脚长达9个小时，最后不幸死亡——近日，东京发生的一起死亡案件，再次将不少华人女性与日本人结成国际婚姻后，在家庭内的悲惨遭遇曝光在世人面前。

据日本《产经新闻》报道，3月14日，位于日本东京都北区的一所医院接收了一名女性，之后进行抢救，不久之后，这名女性抢救无效死亡。院方根据抢救过程中对患者体征的观察，认为该女性为非正常死亡，遂将此事上报医院所在的东京都警视厅泷野川警察署。

警方经过调查后发现，死亡的女性是日本人金野昌司的中国籍太太张华（化名），43岁。因为对张华整理的房间不满，金野昌司顺手抄起胶带，将张华的双手、双脚捆绑起来，前后长达9个小时。直至接到儿子"妈妈看样子快不行了"的电话，金野昌司才拨打了"119"请求急救。目前，金野昌司对罪行供认不讳，警方正在做进一步调查。

其实，中日跨国婚姻家庭中，华人女性遭受日本丈夫暴力不是什么新鲜事。相关统计数据显示，华人女性与日本人结成国际婚姻后，在家庭内所遭受的暴力伤害相当触目惊心。在日华人女性遭受过家庭暴力的比例达到37.3%，这一群体在日本家庭暴力受害者中的比例最高。这些华人女性往往遭到日本丈夫或者同居男友的殴打和性虐待，有人甚至在怀孕期间仍难逃魔掌，很多人因此而患上抑郁症甚至自杀。

怀揣甜蜜梦想，想在日本找到幸福的华人女性们为何最后成为了日本丈夫虐待的对象。或许，经济上的依赖、文化上的冲突、法律上的无力是主要原因。

首先是经济上的依赖。家庭经济基础决定家庭内部的"上层建筑"。经济上依靠日本丈夫，是这些华人女性遭受家庭暴力的内在原因之一。在日本，妇女的经济地位与男子不平等，很多女性都是专业的家庭主妇，没有独立的经济能力。在日华人女性由于语言、技能等问题，就更难找到正式工作，只能在家相夫教子，经济上完全依赖日本丈夫。随着经济越来越不景气，日本男人的生存压力也愈来愈大，很多人就把华人妻子当作了"出气筒"。此次被害的张华就一直没有工作，是标准的家庭主妇。

再就是文化上的冲突。日本的"男尊女卑"思想根深蒂固，一些日本男性将中国妻子当成了自己的附属品和私有财产，稍不如意，就将妻子作为攻击的对象。而自新中国成立以来，中国妇女在社会生活中就非常活跃，撑起了"半边天"。中国女性的男女平等意识要远远强于日本女性，要让她们像日本女性一般对丈夫服服帖帖，确实很难。这就导致不少日本丈夫觉得中国妻子缺少"女人味"，中国妻子觉得日本丈夫"大男子主义"。当彼此矛盾不可调和时，日本丈夫就会"拿拳头说话"，这也是在日华人女性频遭家庭暴力的主要原因之一。

最后是法律上的无力。日本政府目前对在日华人的态度主要还是以管为主，基本没有保护在日华人权利的专门法律法规。再加上司法机构在面对华人案件时执法力度不够，导致很多在日华人女性遭受家庭暴力后，不是求告无门就是无果而终。一名受到家庭暴力伤害的华人女性曾向日本警察求助，但警方不是去调查案件情况，而是先审查她的在留资格。在发现她的在留资格过期后，立刻将她收容并把与她一同逃出来的孩子送交儿童保护中心。在这种情况下，很多在日华人女性即使遭受了日本丈夫的暴力对待，也只能忍气吞声。

近年来，日本一再强调要积极推动国际化，展现日本魅力，让更多人来日本、喜欢上日本。但如果连在日外国女性的合法权利都无法得到有效保护，日本的魅力从何谈起。而从在日华人女性的角度来看，打铁还得自身硬。既然来到了日本，就应该积极融入日本社会，掌握独立生存的能力，在遭受不法侵害时也要寻求包括华人组织在内的各方面帮助，切不可打落牙齿往肚里咽。

日本女性遭受性侵害后用保险善后

俗话说："林子大了什么鸟都有。"在日本男性中，有些"鸟"性取向、性行为怪癖，但大多是主观行为，还应该排列在幸运之列。相比之下，日本女性就显得可怜得多。她们的很多令人不解的行为，则都是被"逼"出来的。

众所周知，春夏季是"色狼"出没频繁的时期。女性们在渴望衣着出位、风姿尽显时，也十分担心成为色狼们的"盘中餐"。于是，大家绞尽脑汁想出各种"防狼术"，有的怀揣电棒，有的则干脆在包包里放几个套套。

在日本，性骚扰事件充斥着社会每一个角落。尤其到了夜晚，日本的"好色男"们如果受到酒精刺激，更会肆无忌惮。据报道，8 月 22 日晚，就有一名在街上发传单的女性，被一个酒醉的电视台工作人员强行触摸胸部。虽然这个男人马上被警方逮捕，但这位女性着实吓得不轻。

像这样的事几乎每晚都在发生。日本女性没有受过骚扰的可能并不多。只是次数多少和程度深浅的问题罢了。许多被侵犯的日本女性都有一个共同点：那就是她们无论是遇到电车色狼或是跟踪狂，都不知道应如何反抗。

在所有的性骚扰事件中，最令女性不安的也许就是回家时被人跟踪了。因为这种骚扰不仅是一次，也许会是几次甚至几十次。俗话说："不怕贼偷就怕贼惦记。"

那么，这些经常被骚扰、被跟踪，却又不知该如何反抗的日本女性，怎样防"色狼"呢？其实，她们中很多人都选择了加入日本"性侵害保险"。她们认为，这种保险虽不能防止事情发生，但起码可以为她们"善后"。

其实，以前这种善后工作是归日本政府负责。日本政府规定，女性被强暴导致怀孕，如果本人同意，那么受害人居住地政府就要负责出钱给她堕胎。但是由于财政困难，日本全国 16 个都道府县政府同时表示，不愿再为这些可怜的女孩掏钱。

危机意识最能激发消费冲动。聪明的保险公司马上看到了"性侵害保险"的商机。他们将此险种定位于"薄利多销"的小额保险，越来越多的日本女性也无奈地选择了花钱买个安心。

但"性侵害保险"真能让日本女性安心吗？保险的赔偿是否成立，最重要的一环就是"确认事实"，而"性侵害保险"如何确认呢？聪明的保险公司想出了在女性家里安装摄像头的办法。他们与女性参保人签订合约，在女性家门口、卧室里安装多个摄像头。这样就算她们被人跟踪，哪怕是坏人闯进家里，也能在"事后"确认事实、擒住元凶。

不仅如此，保险合约里还规定，如果参保女性因被强暴而意外怀孕，保险公司将会承担堕胎及事后的休养费用。如果拿到元凶，女性还能享受免费的律师咨询及代理起诉服务。当然，这一切都是在事实被确认的前提之下。

这项看起来很怪异的行为，目前已经在日本女性中蔓延开来。究其原因，日本政府可能要负很大责任。他们既不能使国无恶人，也无法防患于未然，就连唯一可做的善后事也开始逃避应尽的责任。而加入了"性侵害保险"的日本女性们，连卧室都被装上了摄像头，隐私靠什么保障。谁又能保证，监管录像的保安公司里没有色狼呢？

日本女性为何遭遇性侵害不吭声？

日本女性的温柔驯良世界闻名，这也是不少男人梦想娶个日本老婆的重要原因。然而，对于日本的"痴汉"（中文通常译为"流氓"）们来说，女性越温柔驯良，他们就越禽兽不如。近年来，日本性犯罪案件一年比一年多，被不少人称为"痴汉乐园"。而驯良过了头、忍气吞声的日本女性，成了这个"乐园"中的待宰"小羔羊"。

6 月 12 日，日本政府在内阁会议后推出了 2011 年度的《犯罪受害者白皮书》。这部白皮书显示，日本有 7.7% 的女性遭遇过性侵害。而在这些遭受性侵害的女性当中，竟然有 67.9% 的女性都选择了忍气吞声，不肯报案也不找其他人商量。

对于遭受性侵害后为什么不吭声这一问题，有 46.2% 的受害女性回答，是因为"羞耻"。她们认为，这种事被别人知道了比暗中受辱更为"耻"。很多日本女性在电车里遭遇"痴汉"肆无忌惮地动手动脚时，大多选择默不作声，顶多就是移动一下位置。她们是不敢声张吗？不是，她们是不想。日本警察的烦恼之一，就是有许多"痴汉"被当场抓住扭送到警局，但是当事人那位受害的女性却找不到了。仅有目击者，却没了当事人。性犯罪发生后，加害者感到快乐，受害者却感到羞耻，这便是日本独特的"耻"文化在作祟。

另有 22.0% 的女性受害者回答，不报案是因为"不愿意再想起来"。这也是日本女性的性格特征之一，甚至可以说是日本整个民族的性格特征。在遭遇重大打击后，很多日本人第一个想到的就是逃避，而逃避的极端选择就是自杀。"十四连冠"便是一个很好的证明，自

1998 年至今，日本的自杀者总数已连续 14 年超过 3 万。"3·11"大地震发生后，福岛有近千人逃过了地震海啸和核辐射，最后却死于自杀。所以，逃避也是日本女性遭遇性侵犯后不吭声的重要原因。

还有 20.9% 的女性受害者回答，在遭遇性侵害后，选择噤口不言的原因是"只要自己够坚强，人生就能过下去"。如果说上帝的教义是"我有罪"，那么日本女性的教义就是"我命苦"。她们崇尚隐忍，遇事不抱怨不埋怨，而且尽可能地不为他人添麻烦。就好像你拾到日本女性的钱包后归还，听到的不是"谢谢"而是"对不起"一样。在日本女性身上发生的事情，她们会作为既成事实去接受，不愿借助外界力量，认为找人商量或是报案，都是在给别人添麻烦。但日本女性的这种"美德"，无疑是在默默地助长性犯罪。

由此可以看出，日本国内还存在许多不为人知的性犯罪受害者。这既是日本社会问题的集中体现，也是日本女性的性情决定的，要改变这种情况绝非一朝一夕的事情。

而作为日本政府来说，想办法打造一个遭遇性侵害后可以报案、可以倾诉的社会环境非常重要。在性犯罪多发、隐发的日本，连个像样的性犯罪受害者心理诊疗所都没有，这无异于是"鼓励"日本女性继续忍下去。

在鱼鹰淫威下被强暴的日本女子

7 月 21 日，在日本神奈川县的一个酒吧里，隶属美国驻日海军部厚木航空基地的一名 23 岁的美国二等兵酗酒发飙，和隶属同基地的一名美军将领发生了激烈的口角，被将校带出酒吧外狠狠地训斥了一通。由于二等兵是这个酒吧的常客，酒吧的一名 30 多岁的女店员便动了恻隐之心，"再这么下去，这个年轻人的前途就完了"。于是女店员加入劝架，并搀扶着这名二等兵准备将其送回家。

在距离二等兵租住的公寓不远的地方，这名二等兵突然用拳头殴打女店员腹部，并揪住她的头发，对其实行性暴力。这个过程中女店员几度呕吐，二等兵威胁说，不听话我就宰了你！最后，还用拳头狠击女店员胸口，将其拖至家中进一步施暴。

地狱一般痛苦而又屈辱的两个小时过后，发泄完兽欲的二等兵就好像什么都没发生过一样进入了梦乡。女店员趁机逃了出来，赤裸着双脚、衣不蔽体地跑在深夜的街道上……

翌日凌晨5点左右，惊魂未定的女店员在朋友的陪同下前往神奈川县大和警察署报案。如今，案发已经过去3个星期，女店员先后5次被叫到大和警察署讲述案件经过，但是最为关键的起诉书，警方却一直不肯拿出来让女店员签字。

惶恐不安却又无以为计的女店员，于日前向日本杂志《周刊文春》声泪俱下地讲述了日本警方的办案方式。"到现在为止，我已经被叫去警署5次，每次讲的都是一样的话，但就是不让我签字"，"刚开始是由负责强奸案的部门要我协助调查，后来又换成了负责国际犯罪的"，"他们要我一起去现场重现案件经过，用一个假人来代替我，问我被强奸时用的是什么体位"，"摆弄着假人问我，那个东西在什么情况下进入的体内……"

在经历了两次极度屈辱的现场重现后，女店员依旧坚持要起诉，但是作为维护日本国民合法权利的司法机关，在证据确凿的情况下，却迟迟不肯予以受理。截至今天，这个强奸案都还没有被立案，这到底是怎么回事？

神奈川县警搜查人员在同一杂志上透露说："这是一起凶恶卑劣的案件。从案件的残忍性判断，应该立即将强奸疑犯逮捕，这是我们在现场的搜查人员共同的想法。但是警署干部在向上层请求下逮捕令的时候，司法当局却让我们再拖一拖，说是'因为鱼鹰的部署问题，最好别在这个当口就驻日美军的事情闹动静'。这样的理由让我们怎么向受害者交代？在现场的搜查人员都憋了一肚子火。"

可以想象的是，如果日本司法部门一直拖着不予受理的话，最终受害者就只能泪往心里流，打消起诉的念头。日本从前就有过这样的案例，2008 年 2 月 10 日上午 10 点 35 分左右，美国驻冲绳海军队的一名二等兵在私家车内强暴了一名 14 岁的日本少女。尽管证据确凿，但由于不堪骚扰和舆论压力，少女最终还是取消了起诉，二等兵被释放。

眼下，为了实现在亚太地区的军事战略，美国急于要在冲绳部署鱼鹰，以牵制日益强大的中国和拥有核武器的朝鲜。而习惯了被美军"绑架"的日本政府，就只能眼睁睁地看着自己的女人被强暴，还得想着怎么替强奸犯遮掩。这真是一个国家的悲哀！

日本护校女学生大半曾遭暴力侵犯

护士，又被称作"白衣天使"。但是，身着洁白制服的日本护理专业实习生却大半遭受过来自患者的暴力侵犯。当然，这其中以性骚扰居多。

据日本《每日新闻》报道，日前，日本筑波大学医疗护理科学研究组教授江守阳子对日本关东地区护理学专业学生的实习状况进行调查，结果显示，大约有 6 成的学生遭受过来自患者的暴力侵犯，其中，遭受患者性暴力侵犯的超过 4 成。日本看护协会有关调查结果显示，大约 3 成从事护理工作的职员遭受过来自患者的暴力，实习学生的比例则是职员的 2 倍。据了解，这是日本首次根据护理专业学生遭受暴力侵犯的事例进行全面的调查与分析。

2007 年，该研究小组向日本关东地区医疗护理专门学校、短期大学、大学等共计 15 所高校 712 名学生发放了调查问卷，共回收 593 份，有效率为 83.3%。

问卷中回答"遭受过暴力侵犯"的学生为 352 人，占 59.4%，收集的暴力侵犯事件总计 1498 件。按照类别看，精神暴力占 44.7%，性暴力为 43.3%，身体暴力为 12.2%。性暴力的典型行为为"袭胸""握手不放""说出'让我摸下屁股'等污言秽语""从身后熊抱""强吻""尾随""追赶"等。

调查中共有 95 名学生讲述了实习过程中的惨痛经历，让人感叹的是 20% 的学生在遭受患者骚扰或暴力侵犯时选择沉默。大多数学生独自忍受着"厌恶""愤慨"，以及"受侮辱""人格被否定"的感觉。

研究小组分析认为，患者常常将对护理职员的不满以及病痛带来的压力转嫁到经验较少的实习生身上，这也是实习生更容易遭受暴力侵犯的主要原因。副教授三木明子表示，"施暴者总是以弱小者为对象。实习生在接触患者的过程中要采取有效的方式保护自己，例如与患者保持一定距离或者携带防暴警报器，校方及院方也应当给予实习生相应的培训。"

日本高中女生成互联网上待宰羔羊

随着互联网技术的进步，上网变得越来越快捷。拥有上网等功能的智能手机在日本广泛普及，也让人们越来越便利。特别是近年来，日本高中生对智能手机的喜爱与日俱增。然而，日本一家软件公司的调查却显示，互联网、智能手机在给孩子们带来方便的同时，也带来了很多潜在的危险，很多人因结交网友带来麻烦。

近年来，能上网的智能手机快速浸透进日本女高中生之中。开发面向未成年人网络过滤软件的"数码艺术"公司的最新调查显示，和一年前相比，日本女高中生使用智能手机的比率从 20.9% 一下子上升到了 65%。因为用智能手机可以上网，所以情窦初开的许多少女们很容易对在网上结识的陌生人产生兴趣。

许多在网上游荡的少女们经常在想——"真想去见见本人"。与网友见过面的女高中生，占到了女高中生总数的 53.1%。不少女高中生因为寂寞等原因，开始对在网络上结识的网友产生依赖感，为此早恋、未婚先孕的女高中生比比皆是，甚至还有很多人被骗去卖淫和拍 AV。网络已成侵害未成年少女犯罪的温床。

日本女高中生因为心智尚未成熟，辨别是非能力较弱，很多人在对网友毫不了解的情况下，就上当受骗。据报道，一位山梨县的 16 岁女高中生，和一位网友认识才一周就到对方家里去玩，谁知"不知喝了什么东西，头晕晕乎乎地就被……"此后，对方还拍摄了她的裸照相要挟，直至将其变成了"性奴"。

还有一位青森县的高三女生，在网络上联系后，误信一位自称"娱乐事务所负责人"的网友，不仅偷家里的钱去交"选美"报名费，最后还被对方以"检验一下资质"为由多次骗奸。最为恶劣的是，由于未采取任何措施，该女生怀孕后去找对方，居然发现"人去楼空"。此类事件在日本全国屡屡发生。

日本"数码艺术"公司的调查显示，和网友见过面的女高中生中，31% 的人不知道"对方所居住的地区"，30.6% 的人不知道"对方的年龄、出身情况、家庭组成和环境"，还有 55.3% 的人不知道"对方的职业、工作单位、学校的名字"等。这些数字都显示，很多女生和网友的交往，实际上是一场"赌博"。

常年研究青少年心理的东京成德大学教授田村节子认为，因为在网上有可能获得来自不同年龄层、不同领域的建议，所以孩子们可以有效地利用网络成长。但是，她同时也指出，"和成人们的购物依存症、酒精中毒、赌瘾一样，孩子们为了填补心里的那种寂寞感和不满足感，很有可能会出现依赖网友的一种情况。"

而让孩子们产生寂寞感和不满足感的主要原因，是因为随着日本民众收入减少，父母们成天在外奔忙，缺少与孩子们的交流。在真实的生活空间里，孩子们和家长难以构筑起网络上那种亲密的关系。田村节子教授认为，如果孩子们和家长的关系不密切，那么处在青春期的孩子们就很容易对其他人形成依赖感。

此外，日本净化网络、打击网络犯罪的力度也还远远不够。从2012年10月开始，日本警察厅和国家公安委员会等已收到100多封写有"要杀死自民党总裁安倍晋三"等内容的恐吓邮件。但是将近3个多月过去了，警方错抓4人依然没有破获此案。"大案子"破不了，女高中生的这种"小事情"警方也显得无能为力。

日本警察厅发布的最新报告显示，2011年通过网络进行犯罪的案件中，破案率不到三成，抓获嫌疑人的不到一成。如此低的破案率，让心存侥幸的日本犯罪分子把互联网当成了"犯罪的乐园"，而自我保护能力不强的女高中生，就成了他们最好下手的对象。

由此可以看出，日本女高中生在网络上屡屡被骗财骗色，其实并不是智能手机和互联网惹的祸，而是整个社会环境恶化造成的结果。如果因噎废食，去对网络进行过多的管理，肯定会治标不治本。要想改变这种状况，必须从根子上找原因。

巨乳美女咋成日本电视台收视利器？

"NHK电视台惊现巨乳美女"，这一消息近日在日本的社区网络上传开后，成为一大社会话题。NHK的早间新闻节目的收视率也因此直线上升。这位传说中的"巨乳美女"是NHK电视台从4月1日开始担任早间新闻"早安日本"主播的杉浦友纪。

电视台之间竞争激烈是世界性的，日本当然不能例外，就连响当当的NHK都不得不拿出"胸器"博取收视率。28岁的杉浦曾经是上智大学的选美小姐，且有G码巨乳美女的称号。对于男性观众确实有杀伤力，收视率飙升自然不在话下。

当然，日本其他电视台已经先声夺人了。日本富士电视台的《再去温泉吧》节目引起很大的反响，其原因之一就是狠狠地打了"美女牌"。为了增加收视率，富士电视台从 2008 年起要求女主持亲身披毛巾入浴，其后更改为由知名度较低的 AV 女优担任女主持，直接在镜头前脱衣，更以背面全裸的姿态在镜头前泡温泉，女主持尽显美好身材，节目的香艳程度不亚于某些情感动作片，大受男观众欢迎。女主播"一脱"博收视，全裸出镜泡温泉，结果不负众望，收视率一下暴涨，观众的口味也被重口化了。

除了巨乳和胴体，日本有些电视台更是创意迭出。比如，日本电视台为了增加收视率，播出了一档新创意节目，邀请了 100 名泳装美女偶像来参加为期 3 个月的水泳大赛。比赛内容包括水中搏击、跳水、游泳等，比赛全程都有摄像机跟随拍摄，记录下整个比赛的精彩瞬间，让电视机前的观众们大饱眼福。

这样看来，日本各家电视台为了在竞争中取得优势，都试图将美女资源利用最大化了。该脱的脱了，该露的也露了，而且是如此彻底，如此毫无保留，甚至是集体性的美女大曝光。美女成了当之无愧的博取收视率的利器，百试不爽。

美女主播的杉浦友纪"胸器"固然厉害无比，但长远看，"滥用美女资源"实则为恶性竞争。美女当然好看，但天天看，就算是一丝不挂地欣赏多了，也就乏味了。最主要的是，打开电视看到的都是同质化的美女，美女看多了也就成凡人了，毕竟美女并不是无限期可以透支利用的。

对于电视台来讲，尤其 NHK 这样带有公共性质的世界知名电视台，还是应该将精力放到节目质量上来。其实，对于电视台来讲，有"胸器"是远远不够的，倘若借助这个博取收视率更显得低俗不说，也是没有前途的，故而，有胸、有色、有身材是次要的，最重要的是要有头脑、有责任，还要有良心。

同时，应注意的是，依靠"胸器"吸引来的受众，目的不在于看重节目质量，其受众群体的整体素质是处于下滑态势的，看的人虽然多了，但真正的精英分子少了。常言道，一个电视台或电视节目最牛的应该是"影响有影响力的人"，受众的质量胜过受众的数量。单纯地依靠美女的结局可能是捡了芝麻丢了西瓜，可见，建立有序的竞争机制相当重要。

日本各家电视台逞"胸"竞争收视率

最近，很多日本男观众看电视时开始频频"走神"。不经意间，他们关注的焦点就从节目内容转到了主持人"波澜壮阔"的某个部位。其实，这都是电视台惹的祸。为挽回持续低迷的收视率，日本不少电视台使出了"杀手锏"，将一些丰乳肥臀、搔首弄姿的少女少妇们打造成了"当家花旦"。

最新出版的日本《大众周刊》刊文称，日本电视界开始发生重大变化。以前占据荧屏才色兼备的美女主持们已经风头不再，她们群雄割据的"战国时代"已经终结，日本电视节目开始进入彻彻底底的"桃色时代"。一位长期采访电视界的资深记者透露，电视台频频使用"肉弹"，既提高了收视率，又大大降低了成本，成了很多电视台的发展方针。

日本 TBS 电视台最近就进行了"方针转换"。2012 年，该电视台只录用了一位 22 岁的新人，并对她充满了期待。该新人身高超过 1.7 米，而且三围超人，据说达到 95、62、89。与过去"知性""可爱"等评判标准不同，在录用过程中，该新人主要是靠"风姿"和"魔鬼身材"征服了评委们。她"挤眉弄眼"的功夫，让 TBS 电视台手里有了更多与对手竞争的本钱。走上岗位后，她也一点没让电视台失望，通过来回地走动，让观众的眼珠跟着打转。

其实，很多其他电视台已经走在了 TBS 前面。此前，日本 NHK 电视台一名性感"熟女"主持人的出位表演，让很多男性观众面红耳赤，口干舌燥。当时在"骨盆训练"的一期特别节目中，该女主持人亲自试用可以让私处变紧的机器，满脸通红、大汗淋漓的她，还发出引人遐想的娇喘声。NHK 电视台是日本最具影响力的公共传媒机构，同时也是日本唯一的公共电视台。该节目播出后，社会上骂声一片，很多家长说"带坏小孩"。此后，NHK 电视台节目虽然有所"克制"，但还是于 4 月推出"G 码巨乳美女主播"，新闻节目的收视率也因此直线上升。

看着其他电视台都有"动作"，日本富士电视台十分着急，也很快推出了自家的性感"女神"。该"女神"光写真集就拍了四大本，甚至还有传言说她拍过 AV。她对观众心理的把握十分准确到位，该出手时就出手。偶尔低下头捡捡东西，时不时理理裙子，半遮半掩地成功将很多男性观众定在电视屏幕前，苦苦等待着她下一个不小心的"动作"。

持续低迷的经济、民众不断缩水的钱包，让日本的商业竞争越来越残酷。各个电视台挖空心思也要维持自己的优势或者生存状态，各种电视节目似乎也贴上了商品的标记。而带有色情内容的电视节目，开始成为日本荧屏上的卖座"商品"。但不论是为了经济利益，还是变相进行色情交易，当主持人宽衣解带"显山露水"直面观众之时，新闻是否已失去其原来的意义？当严肃的新闻与令人心猿意马的感观刺激画面"联姻"的时候，不知还有多少人会专心于新闻本身的内容。

在争夺眼球的大战中，日本各个电视台将点燃男人胸中火焰的技巧运用得淋漓尽致，而且越来越娴熟，日本男人们就这样慢慢地看着"桃色新闻"，掉入了"桃色陷阱"。

日本四次"巨乳风潮"与经济兴衰

"学问很深，结论扯淡"，这是时下人们对一些喜欢发明模式、进而提炼拔高学者的评价。其实，这种学者，在世界上许多国家都存在。比如，在日本，就有学者盯准女演员的"胸器"——巨乳进行研究，指出日本演艺圈"巨乳风潮"的周期一般为10年，同时这种风潮还与经济景气紧密地缠绕相连。

日本战后首次"巨乳风潮"兴起于第二次石油危机的翌年，也就是日本前所未有经济繁荣开始的1980年。被疑与成龙相恋8年的河合奈保子就是这一年出道的，她的童颜巨乳，不知让多少人眼前一亮。大学时代拍摄"比基尼照"的宫崎美子也在这一年崭露头角，巨乳评论家杜哲哉将这一年定为"巨乳元年"。

自此以后，日本的"巨乳风潮"几乎每隔10年出现一次，每次出现以后，日本经济景气都会飙升一番。1989年，日本泡沫经济达到巅峰。也正是在这一年，日本出现了第二波"巨乳风潮"。加藤丽子被选为第16代Clarion Girl，松阪季实子出道。"巨乳"在这一年变成了不再羞涩的社会普通词汇。

有着一头"狮子狗"发型的小泉纯一郎在21世纪的初年组阁。井上和香、松金洋子、夏目理绪、根本春美等"波神""爆乳"偶像"胸"涌澎湃地相继出道，第三次"巨乳风潮"出现。此时，日本经济看似进入"失去的十年"，但那坚实的基础仍然散发着经济效应，日本企业走向海外的势头仍凶猛不减。

时光到了2012年，恰好又是一个周期，日本第四次"巨乳风潮"出现。最典型的例子应是"NHK电视台惊现巨乳美女"，杉浦友纪在日本瞬间走红。4月1日，杉浦被调到总部担纲早间新闻主播。她"挺"身而出的清秀形象，不知让多少人"早睡早起"地收看NHK早间新闻，收视率因此全线飘红。

日本经济的一些指标也佐证了第四次"巨乳风潮"带来的"巨乳效应"。5月17日，日本内阁府发布的统计速报称，2012年1—3月份的国内生产总值（GDP），扣除物价上涨因素，比上一季度增加了1.0%，按照年率计算，增加了4.1%。内阁府称，这是日本GDP连续3个季度出现正增长的趋势。

日本经济新闻社根据1064家已经发表了2011年财政年度报表的企业业绩分析，在过去一年中，有74%的企业的经营业绩获得了改善。而担任牵引火车头的，则是日本的汽车制造业。

日本上市企业在过去一个财政年度中，业绩得以很好的恢复，有8成企业获得了增收增益。时事通讯社实施的调查显示，上市企业中，利益总体增加了23.8%，基本恢复了大地震前的水准。

"巨乳风潮"可以预测经济形势，似乎很神奇，也可能为许多经济学家、统计学家所不屑。但是，类似的效应其实早已有之，只不过是新瓶装旧酒。其中最有名的应是"裙摆指数"或"裙摆效应"——女性裙摆越长，股市就越低迷；相反，女性的裙子越短，资本市场则越出现昂扬的牛市趋势。

"裙摆效应"也有更通俗的名字，叫作"牛市与裸露的大腿"，发明人是美国人埃拉·考伯雷。他认为投资者如果仔细留意本年度女性裙子的长度，那就基本能准确判断本年度资本市场的牛熊走向。尽管有人指责这个理论发明有点像窥阴癖，但在相当长一段时间里这种对应关系的存在却是不争的事实。

事实上，这个理论，在美国已经无数次被证实，20世纪20年代，美国经济繁荣，裙子开始变短。大萧条时代来临，长裙再次抬头。60年代，战后重建带动经济起飞，女性的玉腿才得以重见天日。70年代通胀来临，长裙又再流行。八九十年代经济复苏，迷你裙飘散在街头巷尾。

进一步地说，基于"裙摆效应"理论，还相继诞生了"鞋跟效应""口红效应"等。"鞋跟效应"指经济不景气时，女人会选择鞋跟高、鲜亮惹眼的鞋子；经济平稳时女人会选择舒服的低跟鞋。"口红效应"指经济不景气时，女人会购买口红等廉价消费品平衡心态；经济平稳反而不重视这些。

由此可见，所谓的"巨乳效应"只不过是上述效应的"日本版本"，或者说是其理论的"本土化"。如果戴着"有色眼镜"从"色"着眼，必定认其低俗。如果摘下眼镜，或许能够分析出女性凭借着天生的第六感，具有先知先觉的能力，在经济有好的起色之前，就已经开始变得自信，提前释放信息呢！

日本"洗脑女魔头"临死"耍"一把

12月12日，在"双十二"这个日子，角田美代子，这个被日本人称为"洗脑女魔头"的杀人凶手在看守所里自杀。到死为止，她身上共背负了6条人命，还有3个下落不明的失踪者。她的作案手法十分惊人，寻找到目标家庭后，居然能够通过手段胁迫其一家人互相残杀，从而造成日本"史上最离奇连环杀人案"。

角田美代子杀了人后，喜欢把尸体装进半人高的汽油桶中，或者将其沉到茫茫大海，或者埋入自家宅地下。由于年头太久，警方对这些尸体的调查进行得非常困难。就在她被捕之后，大家都以为这起"史上最离奇连环杀人案"终于能水落石出之时，她却"聪明"地选择了一死了之，将警方彻底地"耍"了一把。

说她"耍"警察，首先是死法。兵库县警方称，角田美代子是在当地警察本部的看守所里"自己把自己勒死的"。由于看守所里徒有四壁，她住的房间里另有两名女嫌疑人，想自杀非常困难。以往自杀的人大都只需要下一瞬间的决心，然后借助外力将自己杀死。而角田美代子则是用自己的保暖内衣将自己勒死的。

说起来令人难以置信，用保暖内衣怎么能够把自己勒死呢？这里，就不得不说一点日本的"高科技"。他们设计出来的"保暖内衣"，在"保暖"上下真功夫，衣服穿在身上，就贴在皮肤上，如果不是刻意分开，衣服就与皮肤紧紧相依。因此，角田美代子用这种衣服勒自己，即使她松手了，衣服也不会松开。

角田美代子居然躲过了同居两人的视线和每小时6次的警卫巡视，这手段实在是高。此前，角田美代子曾多次透露出想死的念头，看守所却仍定期给她开安眠药。在这样的囚室里，竟然没有装监视器，巡视间隔也长达10分钟。角田能够一边"打鼾"一边"作案"，躲过警员的巡视，给自己争取了20分钟时间自杀。

说她"耍"警察，再来看她的认罪态度。2012年12月5日，角田美代子与她的7名共谋犯以数项嫌疑被"再逮捕"。面对警察的审问，角田大包大揽地说："一切罪责都在我身上，与别人无关。"她的态度看起来是认罪服法，但她却没有在任何一个口供笔录上签字。另外6名从犯中，有3人已经认了罪，3人仍在抵赖。

但是，角田美代子的这一死，救活了这6名从犯。她知道，自己承认是主犯却不签字，法律上讲就还没有人为案子承担主要责任。现在案子突然没了主犯，其他6名从犯大可翻供抵赖。只要将所有罪名都推到角田身上，这件案子最后就会不了了之。她真可谓推陈出新，让这件杀人案件成了标准的"无头公案"。

果然，角田美代子自杀身亡的同一天，神户市地方检察院无奈地宣布，不对她进行起诉。不仅如此，其他6名从犯很可能也会逃脱法律的制裁。这么一闹，兵库县警方的压力可就大了。他们不但被角田美代子狠狠地"耍"了一把，还要备受社会舆论的批判。仅是重犯囚室里不装监视器一点，就足以让他们下台。

日本奥姆女魔头逃亡中竟沦为性奴

日本的奥姆真理教，是世界最大的邪教恐怖组织之一，其行动包括暗杀、绑架、人身控制、毒品实验等。该组织内设法皇官房、厚生省、大藏省等，计划以麻原彰晃教皇取代日本天皇，颠覆日本政府及皇室。1995年，该组织在全球的会员已经达到了4万多人。当年3月20日，奥姆真理教自造"沙林"毒气，投放在东京地铁的车厢里。这便是震惊世界的"东京地铁沙林毒气事件"。该事件导致11名乘客死亡，5500多名乘客受伤。

奥姆真理教信徒、投毒事件主要参与者菊地直子、高桥克也、平田信3人被日本警方全国通缉。日本媒体将其称为"奥姆三魔头"。

此后的10多年间，日本警方从未停止过搜寻菊地直子等人，悬赏金额也一再增多，然而菊地直子等人却一直巧妙地从警方眼底逃离。

日本民间因此布满了各种"传说"，"菊地直子已经修炼成了易容术""他们在日本秘境——富士树海里秘密修炼"，等等。

就在人们快将这"三魔头"遗忘的时候，2011年的最后一天，平田信自己来到警察局自首。6月3日晚，"悬赏身价"1000万日元的菊地直子等人也相继落网。然而，"女魔头"菊地直子的"传说"并没有就此落幕。

五男一女同室"修炼"

1996年11月，日本警方曾得到过确切消息，菊地直子就潜伏在埼玉县所泽市西所泽的一所小公寓里。可是当警方冲入公寓房间时，他们被眼前的景象震惊了。

小小的房间里遍地铺满了被褥。原来，在过去的1年间，菊地直子一直和5名男信徒共居一室，同吃同住。

房间的电饭锅里还煲着一锅米饭，浴室里也还晾着菊地直子的内衣。就这样，日本警方仅以一步之差错失了逮捕菊地直子的机会。但也有了意外的收获：一本粉色封皮的私密日记。

粉色私密日记曝光

奥姆真理教有严格的教规：男女之事是非常邪恶的，必须断绝，然而菊地直子显然未能真正"修炼"成功。

她在日记里赤裸裸地写道："为了潜伏成功，不被他们暴露，我愿意利用自己的身体。"

在这本粉色日记里，菊地直子还记述了自己被高桥克也强迫作为性奴的过程，以及对另一名奥姆真理教头目林泰男的仰慕之情。"为什么我被组织分给了高桥而不是林，如果是林该多好。"

但是日记也暴露了菊地直子"变心"的过程，"我对平田信有着不可抑制的邪念，在这件事上，我是占有优势的，因为他的欲望更强"。不过菊地直子毕竟是被奥姆真理教洗过脑的人，在她和5名男子同室"修炼"的过程中也不忘"忏悔"，"我最终没能战胜自己的性欲，不断破戒"。

此"高桥"非彼"高桥"

由于警方的通缉和搜索，1996年年末，同处一室的五男一女最后各奔东西。菊地直子跟了高桥克也。当时菊地直子还是个23岁的年轻女性，而高桥克也要比她大上15岁。两人为了掩人耳目，装扮成了夫妻，高桥克也改名樱井信哉，菊地直子改名樱井千鹤子。

就这样，菊地直子一边痛恨着高桥克也把自己当作性奴，一边依赖着他过日子，一转眼就过了将近10年。

最终，高桥克也还是厌倦了菊地直子，他选择了自己单独逃亡。被遗弃的菊地直子很快地又遇到了生命中的另一个"高桥"，高桥宽人。

"女魔头"魔力依旧

自 2006 年开始，高桥宽人便和化名"樱井千鹤子"的菊地直子相识相爱，同行同栖。

高桥宽人很喜欢小鸟依人的"樱井千鹤子"，甚至还向她求过婚。也就是在这个时候，他心爱的女人说了实话，"我便是那个奥姆的菊地直子"。

高桥宽人不是没有震惊，但他选择了不离不弃。因为他始终不愿意相信，自己身边这个柔弱的女人会是传说中的那个杀人不眨眼的"女魔头"。

从杀人"女魔头"到性奴，30 多岁的菊地直子终于找到了真爱，就在她以为自己可以过回正常人的生活时，法网终究疏而不漏。

6 月 3 日，日本警方在菊地直子和高桥宽人的"爱巢"附近，逮捕了下班回来的菊地直子。6 月 4 日，日本警方又以窝藏、包庇罪将 41 岁的高桥宽人逮捕，并在两人同居的房间里搜查到了一张结婚照。

天网恢恢，疏而不漏。菊地直子虽然最终得到了真爱，但终究无法得到法律的宽恕。她把自己的青春、身体、爱情都送上了奥姆真理教的祭坛，却换来这样一个结局，实在让人扼腕叹息。

日本一母亲悄然变质卖女儿色情照片

这是一则令人难以置信的消息。日本宫城县警方在 2012 年 6 月至 12 月查获了一系列年轻母亲涉嫌拍摄幼年女儿的色情照片并向男性出售的案件。警方的调查表明，涉案人员都不存在经济困窘的问题，但她们作案目的又几乎都是为了赚取零花钱。警方认为"如果这些照片流传到网上，将会给孩子们未来的精神生活造成很大痛苦"，因此计划今后继续对"家长犯罪"进行彻底调查。

"家长犯罪"，具体而言是"母亲犯罪"，而且犯罪的受害者就是自己亲生的女儿。显然，这是一种社会之"病"。据报道，这一系列案件的曝光源自一名年轻母亲向警方的咨询。此女声称"给在手机网站上认识的人发送了女儿的色情照片，却没有收到事先商量好的钱"。这样的母亲，只能用"无耻"两个字来形容。

负责回复咨询的宫城县警方开始调查这个母亲的手机邮件记录等。结果，"拔出萝卜带出泥"，在6月至12月中旬接连查获12名母亲或姐姐涉嫌制造和销售1—12岁的女儿或妹妹的儿童色情制品。涉案人员分布地域广阔，分别居住在日本的8个都道府县，年龄段比较集中，都在20至39岁。

警方向媒体介绍说，这些母亲用记录媒体或电子邮件把照片发送给在交友网站等认识的男性；有时也让男子直接拍摄，一次收取数万日元的报酬。据悉有的母亲在10年内拍摄女儿多达60次，共获取现金大约300万日元。

这种色情照片买卖有的升级为恶性案件。日本东京都足立区和茨城县小美玉市的两名30多岁的母亲因为涉嫌违反《儿童福祉法》而被逮捕。这两位母亲曾分别带着自己1岁和12岁的女儿与东京某家公司的46岁男性前董事见面，让他动手猥亵女童。

宫城县警方指出："儿童色情交易很难浮出水面，立案十分困难。现在已经从有关方面没收了至少1万张女童色情照片，这一系列案件大概只是冰山的一角，今后将对已经没收的资料进一步展开调查。"

从警方调查来看，这些母亲并不缺少金钱，但她们又都不放过借此赚取零花钱的机会。零花钱是一个她们并不渴求的结果，而精神的空虚、认知的扭曲、道德的变形、内心变态的潜在释放，才让她们有了如此的行为举止。这究竟是文化教育之过，还是社会环境之过？谁能言说？

记得有人这样说过，母性被誉为人性中最伟大最无私最完美最具冲击力的情感，也是世界上所有女人与生俱来的天性。人们热情地赞美它，是因为只有这种情感才会避开人世间的污浊和诱惑，在当今社会越来越少的真情中展示它的光芒。但是，面对日本这则新闻，面对母性被泯灭、良知被摧毁的现实，人们能说些什么呢？

日本年轻女孩儿集体杀儿弃尸悲剧

日本著名民间故事《桃太郎》，想必大家都耳熟能详。从前，有一对老夫妇没有孩子，老头每天上山拾柴，老太太每天去河边洗衣裳。有一天老太太正在河边洗衣裳，忽然发现从远处漂来一个很大的大桃子。这对老夫妻把它打捞起来，里面出来一个小孩子……如今，在日本民间，这《桃太郎》又出现了新版本。

7月31日上午，日本神奈川县大和市内，一名30岁的男性正沿着境川河边散步时，发现从河水上游漂来一团白色的东西，定睛一看，居然是个带有脐带的死婴。5月22日清晨，日本爱媛县西条市大新田新川河口，一位在附近清扫卫生的妇女看到上游漂下来一个白袋子，无意打捞上来看到里面竟是一具新生儿的尸体。

这并非什么"故事"，而是日本《每日新闻》和《朝日新闻》的两则报道。在日本，几乎每个月都会出现婴儿遭受遗弃的新闻。我们再看——据《朝日新闻》报道，8月7日，三重县大纪町的垃圾收集场内，发现一具死婴。8月9日，静冈县烧津市荣町的JR车站女厕所中，垃圾桶内发现了一具带有脐带的死婴。

据日本厚生劳动省统计，自2003年7月到2011年3月，全国被虐杀的儿童总和是437人，其中有193人都是不到1岁的新生儿，占总体44%。在这193名被虐杀的新生儿中，有76人都是死在刚出生的那一天，凶手就是他们年轻的母亲。人们不禁要问：这些年轻妈妈既然不想要孩子，为何不事先预防，何必要生下来杀害呢？

分析起来，日本24小时方便店内货架上的成人漫画和AV影像，无时不在催化着日本青少年的"性成熟"。遍地开花的"情人旅馆"，也为青少年的早日实践提供了方便。然而，最重要的性知识，学习的渠道却少于操作的渠道。于是，在日本青少年眼里，一个新生命所代表的，只是一场快乐后留下的棘手的麻烦。

2011 年 9 月，日本久留米市的一家饮食店店员，刚刚成年的伊藤怀孕了，这是她和常来店里的一名男客人之间的孩子。男人给了伊藤 15 万日元"流产费"，但是伊藤把这 15 万都用来当零花钱和交手机费。孩子在伊藤的肚子里一天天成长，最终，伊藤把自己家的卫生间当成产房。剪断脐带后，她就用毛巾裹住儿子。

伊藤把新生的儿子越裹越紧，直到听不到一丝声音。然后，她又将这团毛巾塞入塑料袋，放置在阳台上。随着天气越来越热，伊藤开始担心这袋东西在阳台上迟早会被家人发现。2012 年 5 月 2 日，伊藤把塑料袋扔到了自家附近的一个公园的水池里。不久，就有人意外地发现了这个塑料袋里面一个生命被杀死的秘密。

2012 年 7 月 2 日，伊藤被当地警方指控杀人弃尸。令人惊异的是，和伊藤住在一起的母亲及 3 个妹妹都说没发觉过她怀孕和生子。直至被捕和起诉，伊藤都还以为，自己只是运气差了一点，对被指控犯有的"杀人罪"和"弃尸罪"根本就没有罪恶意识。2012 年 7 月 24 日，久留米市地方法院判决伊藤犯有杀弃双罪。

接连不断的弃婴事件，令日本人对此类事件已经失去了"新鲜感"。继续追寻深层原因的话，应该还有很多话可说。更为重要的是，这些日本年轻人自己还没有长大，她们面对"小孩带小孩"的境地时，感到手足无措。但是，这个时候，社会上又难以伸出救援之手。在未来，日本就还会出现一个又一个伊藤……

当今日本男性喜欢啥样的梦中情人？

近日，日本 *ORICON STYLE* 按照每年惯例评选出了《最想和她谈恋爱的女艺人排行榜》，日本男性心目中的梦中情人有新垣结衣、绫濑遥、上户彩、崛北真希、宫崎葵等十位。

就像每一个女人心中都有个白马王子一样，每个男人心中也总有几个梦中情人。尤其在日本，各类时尚杂志热衷于评选日本男性心中的梦中情人。日本社会心理学家加藤谛三在著书《性格决定痛苦的爱、快乐的爱》中分析称"恋爱是非进步性事物，有悖日本人的精神构造"。他的意思是，日本人不善于恋爱，恋爱低能。

某种程度上，加藤谛三的话还是有几分道理。在恋爱方面若有所欠缺，行动力不足，那么也就只能通过看和想来弥补了，所以日本的 AV 产业很发达，色情杂志随手可即，美丽女性也就更容易成为很多男人心中的梦中情人。这在逻辑上似乎能够成立。

当然，更值得关注的是，日本男性的梦中情人到底什么样。通过他们梦中情人的长相或许能勾勒出他们的心境。就拿这次 *ORICON STYLE* 的调查来说，登上冠军宝座的新垣结衣，有着天使般的笑容，天真烂漫，日本男性表示，"看到她的笑容就觉得充满力量。"

再比如，2011 年和 2012 年都蝉联该榜单冠军的绫濑遥，有着"开朗 + 天然"的气质，青春靓丽。日本的《安安》杂志作的一项读者调查日本男性们心目中的最佳女友，结果加藤爱再次荣登榜首，其理由是加藤爱性格开朗，与她在一起会感到快乐。

前不久，日本泳坛的超可爱"萝莉"边渡加奈子的出现，引起了不小的关注，一度成为日本众多男性的梦中情人。边渡加奈子长得有点像中国娃娃，皮肤近乎透白，最主要的是她微笑甜美，气质清新，赢得了诸多男性的喜欢。不难发现，日本男性的梦中情人几乎可以用这几个词来大致概括：长相可人、单纯靓丽、清纯清新、微笑甜美、给人以愉悦感。

但日本男性的审美并非一直如此，据相关资料，140 年前的江户时代，瓜子脸被定格为日本人最心仪的女子模样；明治时代，日本男性喜欢面部圆润，整体和谐而健康的美；大正时代早期，日本男子均倾倒于女性的大眼睛，以及略显华贵的气质；而之后日本男性又喜欢性感女性，最近一二十年来，他们的审美逐渐年轻化，喜欢清纯型的美女。

在中国流传着这样一个段子：一个优秀的男人，一生最理想的情感状态是：讨一个老婆，结识两三个红粉知己，与四五个风尘女子有染，身边有六七个 MM 围着转，还有八九个梦中情人。俗话说，得不到的才是最好的。还有人说，偷不如偷不着。所谓的梦中情人就是不可能实现的奢望或幻想。但是，依据这种奢望的取向可以判定男性的审美变化，更可以判定他们的心境，不可否认，透过日本男性梦中情人的审美取向，可隐约看出日本男性追求轻松愉悦的心态，无非是他们所面临的巨大社会压力的映射。

全球女性胸部大小排名中日竟垫底

谷歌 targetmap 近日发布了世界各国女性平均胸部大小分布地图，红色代表大于 D 罩杯，橙色是 D，黄色 C，蓝色 B，而绿色则为 A，俄罗斯国土全被红色覆盖，代表该国女性胸部平均大于 D 罩杯。中国和日本等国则是一片绿色，意味着女性平均胸部仅为 A 罩杯。

此项调查引起世界众多男女的关注，尤其是中日两国，很多媒体进行了大面积的报道和转载。一个调查激起千层浪，引来众人围观和热议。胸部无小事，纵观世界，女性的胸部一直是吸引眼球的"核武器"，杀伤力极强。

在中国，有些城市的车展都办成了"胸展"当然也引来各界人士叫停的呼声；在日本，巨胸美女主播成为拉升收视率的利器；在别的国家，胸部丰满的美女总是镜头的重点关注对象，上届世界杯，巴拉圭名模拉里萨·里克尔梅在胸部放了个手机，瞬间火遍全球，身价倍增。

胸部事关名利场，精明的商人只要雇几个"胸器"美女，便可以吸引众多人气。有些美女没别的优势，单靠"胸器"就可笑傲江湖。只不过，谷歌的调查有点低估中日两国女性的胸部，两国媒体已经列出有力证据进行反驳，以捍卫尊严。

根据淘宝数据平台提供的数据，在中国，购买最多的文胸尺码为B罩杯，前9位中，B罩杯占比达41.45%，说明中国平均胸部大小都在B罩杯。其中，又以75B的销量最好，85B则在B罩杯中相对落后，仅4.09%。其次则是mini的A罩杯，购买占比达25.26%，C罩杯则只有8.96%。

前段时间，日本媒体发布的日本胸围地图中可见，日本有18个县的女性平均胸围在B罩杯，17个县的女性平均胸围为C罩杯，日本女性的平均胸围为B至C罩杯。中日两国女性的胸部实际上比谷歌的调查稍微理想点，但整体而言确实比欧美小，处于第二梯队。

新西兰惠灵顿维多利亚大学进行的调查显示，胸部是男性最先关注，且关注时间最长的部位。另外一个调查显示，每天关注女性胸部几分钟可以增进男性的健康状况，甚至能延寿4—5年。胸部大小还关乎诸多事情。

胸部大小关乎婚姻幸福。美国著名调查机构PEW在"胸围与幸福指数"调查中对500对30—40岁的夫妻调查结果显示：女性胸围A杯的离婚率为37%，胸围B杯的离婚率为16.3%，胸围C杯的离婚率为4%，而胸围达D杯的女性离婚率1%都不到。

胸部大小还关乎智商。美国社会学家艾温·罗斯戴尔女士在对1200名美国妇女胸部及智商联系的相关资料进行对比研究显示，女性的胸部越丰满，她就越聪明。她还表示："我不得不承认这一点。我自己戴的就是 A 号胸罩。但我们的研究结果又以无可辩驳的事实证明：胸部丰满的女性智商要比普通女性高出 10 个百分点左右。"

其实，胸部固然与经济、自信和前途相关，但作用往往是被放大的，养眼是真，"波涛汹涌"的人是否真的幸福，要看很多因素。中国女性胸部比俄罗斯及其他欧美等国女性小，其实不难理解，主要还是人种的差异。这未必说明，俄罗斯女性就一定比中日两国的女性幸福美满，因为"胸器"也是一把双刃剑。

俗话说，"一方水土养一方人"，在同一个国家里，不同的地域之间，女性的胸部大小亦有很大区别，影响胸部大小的因素有很多，比如基因遗传、生长激素水平、发育期饮食习惯等。中国也有"胸大无脑"这一说，总之一切顺其自然，坦然面对。

日本网民期望美女运动员守住贞操

伦敦奥运会犹如"虎狼之地"，已经被誉为"有史以来最'风流'的一届奥运会"。伦敦市长鲍里斯·约翰逊也在媒体前，表达了希望运动员们"悠着点"的态度，他说："我们的口号是激励下一代，而不是创造下一代。"而奥运村 5 天消耗 15 万个避孕套的新闻出来后，日本开始不安了，一家网站开始进行投票调查。

最高兴的奥运会赞助商估计就是杜蕾斯了，避孕套大受欢迎，供不应求，不论在销量和知名度上，伦敦奥运会都让其上升了一个台阶。很多人都熟悉的日本"2CH"论坛网站则又干了一件比较"二"的事情，它忧虑地在男性网民中发起一项"我希望哪个女运动员坚守贞操"的投票调查，不少日本美女运动员名列榜上。

按照日本媒体的计算，每位运动员人均 15 个，5 天期间相当于每天使用 3 个避孕套。这个使用量，对集中了地球上身体最强壮的精壮男女，似乎可以接受。伦敦奥运会在避孕套消耗方面创造了历史，下届奥运会主办城市巴西里约热内卢市长，恭维伦敦奥运"史无前例"的这句话，用在这个方面应该也是最合适的。

奥运会是一个提升荷尔蒙的地方，汇集了全球体魄最好的选手。他们年轻，正处于性欲旺盛的年龄，而奥运村的封闭环境为他们的风流韵事提供了条件。最为重要的是，此次参加奥运会的日本美女运动员很多，这更让日本民众，尤其是日本网友在关注赛事的同时，不得不为有"大和抚子"美誉的诸多日本女运动员担心。

代表日本出战奥运的美女有日本女足美女球星川澄奈穗美和鲛岛彩，她们被认为"球技和美貌皆佳"；日本羽毛球队的姑娘们都穿着齐臀短裙参赛，经常露出内裤，羽毛球美女潮田玲子抓人眼球；艺术体操混血美女横田仁奈，本身就和娱乐圈以及艺能界①有着千丝万缕的联系，在日本国内也有着相当高的人气……

参加伦敦奥运会的日本女运动员很多都是日本的偶像级运动美女，其身材、容貌、气质都堪称一流，有着极高的人气。对日本男性网友来讲，她们可望而不可即，是心中崇拜的女神。如今，这些女神们面临"羊落狼口"的危险，让男性网友们自然从内心深处既羡慕，又嫉妒，当然还要有一些悠悠的情恨了。

日本男性网友的"担忧"也是现实存在的。美国女足守门员霍普索罗则直接向记者透露，奥运会上总有很多风流事，许多选手在露天场所公开做爱，混搭同居一夜情是常事，大家也遵守"天亮说分手，秘密都保守"的不成文规则。之前还有匿名作者出书，称"不管你喜欢哪种类型，在奥运村你总能找到最好的性伙伴"。

日本是一个性文化大国，对性有着极为开放的态度。从某种意义上说，日本美女们自然也会深受本国性文化的影响，其"沦陷指数"

---

① 即演艺界。

无疑大大提升了。但是，在异国他乡"失身"，显然难以让日本的男性们接受。自己心爱的美女运动员，被别国的男人给"占有"了，这让还称得上是"男人"的日本人心里着实地不爽啊！

世界最大的避孕套厂商之一杜蕾斯公司依然慷慨，向媒体表示将给运动员们准备更多备用避孕套。此举无疑将在另一个战场上延续伦敦奥运的疯狂。这，让鞭长莫及的日本男性网民们情何以堪？仅仅靠投票调查恐怕是守不住美女运动员贞操的。再多说一句，日本一些美女运动员带着老爸一起到伦敦，也是有原因的。

专家称日本女性贫乳缘于保温进化

2012 年，谷歌 targetmap 曾经发布了一张世界各国女性平均胸部大小分布地图。地图上显示红色代表大于 D 罩杯，橙色是 D，黄色 C，蓝色 B，而绿色则为 A，俄罗斯及北欧诸国全被红彤彤的颜色覆盖，代表该国女性胸部平均大于 D 罩杯。中国和日本等亚洲国家则是一片枝嫩的绿色，意味着女性平均胸部仅为 A 罩杯。

一石激起了千层浪，全世界都在"围观"结果的同时，一些"小胸国"的新闻媒体也摆出各种数据，证明自己国家的妹子还是有看头的。中国的淘宝数据平台的数据显示，B 罩杯的文胸在中国销量最为旺盛。此外，北京、香港、新疆等地 C 罩杯文胸热销。而购买 AB 罩杯最多的女性地区居然是在黑龙江、浙江和江苏。

喜欢凑热闹的日本新闻媒体自然也不甘落后，发布了一份自制的女性胸部尺寸地图。按照这份地图，日本 18 个县的女性平均罩杯是 B，另有 17 个县是 C。其中京都地区的女性甚至多为 E 罩杯。

纵观世界，女人的胸部不仅是"吸睛"利器，如果拿出来互相比较，甚至成了各国男人们的"脸面"。其实影响胸部大小的因素有很多，比如基因遗传、生活习惯等等。谷歌弄个排名出来娱乐大众，有的日本人却较起了真儿。一位名叫南云吉则的医学博士近日撰文，解释称日本女人胸小是为防止体温扩散的进化成果。

南云吉则教授称，每个人体内都有 23 组共 46 条染色体。在接受父母遗传基因时，这些染色体共有 70 兆以上的排列方法。人的染色体会按一定的规律或法则排列，这个法则的改变之一就是人类按照生存环境改变发生的"进化"现象。

南云吉则教授还称，日本人的祖先曾生活在西伯利亚的极寒地带。为防止体温扩散，经过上千年的进化，日本人终于缩乳成功，打造了现在的平胸、短腿、上半身长的"理想体型"。正是这样的遗传进化，才造就了人类的多样性。他呼吁日本女性不要为此害羞，大大方方挺起胸膛来面对这个结果。

其实，日本人一贯把"国际形象"看得很重，国际上几乎一切有关日本的消息，都要经过所谓专家的解释和评判。比如丰田的汽车在美国出刹车片事故，日本国内称美国的调查行为是为了打压日系车的占有率；日元飙升是因为日元信誉好而成为世界资金避风港；日本出口贸易赤字是因为中国经济增长减缓；等等。

现在，日本学者较真儿，对"贫乳"进行分析后做出这些所谓的神解释，也从侧面说明了在日本国内，有一大批受众在期待着这些解释。实际上，比较一下各国女性的胸大胸小，只是一个有趣的八卦话题而已。尽管如此，一些日本"有识之士"还是觉得坠了日本女性的面子，必须要站出来做出"回应"。

日本学者的这种解释乍看起来很神，但却很好攻破。比如日本女性胸部尺寸这件事，如果寒冷地带生活的人都要缩胸进化的话，那为什么俄罗斯和北欧诸国的女性，胸部会那么大呢？结果，日本学者的这些科学见解就无法在世界上被认可，只能转回国内成为所谓的"解释"，美其名曰"从另一个角度看问题"。

看看日本美眉怎样欢迎中国的游客

不久前，记者曾经受邀参观过日本静冈机场，其深刻的印象可以用一句话来概括，就是"门前冷落车马稀"。这也难怪，如今在日本的70多个机场里面，有许多是凭借着地方产生的国会议员上下运作，搞出来的日本式的"政绩工程"。结果，"机场运营难"，已经成为各地机场的"通病"。不过，12月10日，记者受邀前往位于日本爱知县常滑市的中部国际机场采访时，发现他们为治疗这个"通病"下了三剂猛药。

第一剂猛药是"休闲化"。机场里面怎么会有澡堂子？偏偏，记者在中部国际机场候机大楼4层就看到了一个名为"风之汤"的澡堂子。进去一看，爽，泡在宽敞的浴池里面，可以舒畅地看到场外飞机的升降起落，看到蓝色天空的云卷云舒，如果不是采访任务在身，记者真的想立即泡入池中，好好享受一番。据说，现在有不少旅客，出发前提前几个小时到机场，行前"泡"上一番；也有的抵达后不是立即前往目的地，"泡"上一番后重新上路。看来，酷爱洗澡的日本民族，已经将此发挥到极致。

第二剂猛药是"娱乐化"。在机场大厅，远远望去人头攒动，声乐震耳。东京出了一个AKB48少女组合，这里就搞了一个AKB48少女组合"爱知县版"，十几名穿着超短裙的青春少女在近似疯狂的歌舞中人飞旋、裙飞旋、腿飞旋，下面的旅客、观众也在飞旋般地振臂、呐喊。而周围一个又一个充满着历史气息的风味小吃的"老铺"，又可以把人从青春情色的现实拉回到积淀丰厚的往昔，在绵绵的口福中进行"穿越"。

第三剂猛药，记者把它称为"中国化"。为了迎接春节前后大量中国游客的到来，爱知县政府特意雇了10名靓女，组成"爱知招待组"。她们身穿红色的服装，手持红色的五星红旗。记者看到，当来自大连的一架中国客机降落，中国游客进入机场大楼以后，她们涌上前去，挥动小小的五星红旗，满脸笑容，用中文热情地说着"欢迎光临，欢迎光临"，然后分发一张又一张中文的地图、景点图、购物图、交通旅游图。当中国游客离去的时候，她们还会用中文说："祝您旅途愉快！"一位中国游客告诉记者："下了飞机以后，就看见这样飞舞的'中国红'，看到这些热情的日本姑娘，心中着实有一种感动。"

困境也是一种机遇。真正有头脑的人，可以把"困境化作机会"，把困境当作一种成长的契机，形成一条新的出路。日本中部国际机场的变化，这样启示着人们。

看看日本新干线上的"清扫娘子军"

开眼！12月10日，应日本交通公社和爱知县政府观光科的邀请，我前往爱知县做三天"观光采访"之前，在东京车站观看了日本新干线上"清扫娘子军"的"战斗"情景。

据了解，这些"清扫娘子军"辖属于 JR 东日本集团里面的铁道整备株式会社。日本的新干线列车，有的一列是 10 辆车厢，有的一列是 16 辆车厢。前者大约需要一支 22 人的"清扫娘子军"作战，后者则需要两队"清扫娘子军"同时作战。

我注意到，在新干线列车进站前三分钟，这些"清扫娘子军"就手持清扫工具，分别标准地站在不同车门的位置列队站好。当列车徐徐驶入车站停稳开门后，她们柔软地一次又一次地向走下列车的乘客鞠躬致敬，还有一人要打开塑料袋子，回收乘客手持的垃圾。

我尾随着四位"清扫娘子军"进入 9 号车厢。哇噢，刚才看着还是温柔妩媚的"大和抚子"，此刻好像换了一个人般地疯狂起来。只见她们动作快捷、整齐、利索、划一，真的有点像机器人。喇，四个人在车厢左侧清理；喇，四个人同时又到车厢右侧清理；喇，四个人再次返回到左侧清理……就这样，循序快进，向前推移，让我看得目不暇接。

她们首先回收垃圾，确认是否有乘客遗忘的物品。座椅下面以及夹缝处、座椅背面的网兜，她们都要一一伸手确认。接着，她们回旋调整一个个座椅方向，擦着桌子、地板、窗户，寻找着每一个污浊点。最后，她们动作敏捷地更换座椅罩，给准备重新启程的新干线列车换上新的内衣。此外，还有专门打扫厕所、盥洗室的"清扫娘子军"。而这一切的一切，都是在短短的 5 分钟内完成的。

当我尾随着她们走出车厢时，情不自禁地感叹了一句："这简直和打仗一样啊！"一位清扫妹妹甜甜地回答说："是啊，我们就是在和时间作战！"

于是，我给她们命名：日本新干线上的"清扫娘子军"！

日本女大学生吐槽性别歧视就业难

早在 1986 年，日本就实施了《男女雇佣机会均等法》，那以后还做过 2 次修改。谁料，2012 年 12 月 17 日，经济合作与发展组织（OECD）综合比较了所在国在教育、劳动条件等方面的性别歧视情况。其调查报告结果显示：目前，男女工资差距最大的国家是韩国，其次就是这个日本。

不过，喜欢得到世界各种"日本论"评价的日本，这次表示无论如何都不能接受"性别歧视第二大国"这个称号，因为从国家政策上来说，在就业问题上，日本是不存在男女差别的。为此，日本厚生劳动省还提供了一份"大学等毕业者就业状况调查"，数据显示，2012年 3 月毕业的女大学生的就业率是 92.6%。

可是，日本杂志 *SAPIO* 调查称，日本女大学生的实际就业率远远低于这个数字，厚生劳动省玩的是个巧妙的数字"障眼法"，用实际就业人数除以期待就业人数就得出了就业率在90%以上的这样一个结论。但期待就业人数不同于实际毕业的女大学生人数。同时，厚生劳动省的调查对象都在国立、公立大学里。

另外，据日本《星期日周刊》的调查结果，在2012年3月，日本应届毕业生就业情况最好的女子大学就业率也只有86.9%。看来，日本厚生劳动省给出的女大学生就业率在九成以上的结果的确是水分不少的。当然了，在面对涉及未来国家的"国际形象"评价上，他们要搞一点"水分"的数据，也是情有可原的。

事实上，日本女大学生不仅就业率不理想，就是在找工作的过程中也是一路披荆斩棘的。不信，就到网络上看看，那里经常可以看到日本女大学生吐槽就业困扰。她们吐槽最多的就是遇到了一些或是潜水很深、或是手中握有某种权力的别有用心的人。直到这个时候，许多女大学生才相信"社会并非全是阳光的"。

一位私立大学女生这样说，在2012年夏天，自己曾联系到一个在某大型商社上班的师兄，想让师兄作为过来人指导一下找工作、面试的窍门。但是，这个师兄说实在太忙一时没有时间，但最后却把见面的日子指定在她生日的那天，来了以后根本就不肯给予什么具体建议，走了以后则一直发短信进行情感骚扰。

另有一名女生在留言中写道，自己在学校的就业说明会上，遇到前来宣传的某广告公司主任。该主任让她找几个对广告业感兴趣的女同学，声称会将一些业界秘密悄悄告诉她们，并且还指定一个见面地点。她们去了以后才发现，这个地点其实就是主任的家，一个高级公寓的12楼。她们不解，为什么会这样呢？

当天，到主任家里的有4名女大学生，还有2个广告公司人事部的男职员和4个自称设计师的男人。实际上，根本就没有讲什么业界秘密，都是这帮男人们在自吹自擂。好容易脱身后，这4名女大学生里面最可爱的那一位收到了短信："我们一起喝酒去吧，别告诉你那3

个朋友，你就自己一个人回到公寓来吧。"

另一个经常被吐槽的就是在日本社会找工作，要有很大花销的。日本社会的"潜规则"规定，女大学生找工作时一定要穿成"黑寡妇"一样——黑色西服套装、黑色皮鞋、黑色公文包。西服一套最便宜也要2万日元以上，一双黑皮鞋大约是1万日元左右，黑色公文包5千日元一个。这些，都还是最为低廉的行头呢。

除此之外，必不可少的就是履历书上使用的照片。街头的自动照相亭里照一次是630日元，一般女大学生要投数十家履历，所以仅仅是履历表上的照片，最低也要花费数千日元。从两三年前开始，日本的一些摄影沙龙积极应对商机，也把目标瞄准这些女大学生，推出求职履历书专用个人免冠照片艺术摄影服务。

在摄影前，沙龙的专业化妆师会根据女大学生的求职方向设计其形象。渴望在一般公司做业务白领的，化妆师会为其设计一个裸妆，看上去肤色好，无瑕疵，发型端正。如果求职目标是空姐或主持人等，摄影师甚至会修改照片上的人物脸部轮廓，消除双下巴等。除此之外，黑色的彩瞳也是女大学生求职面试时的武器。

"我遇到了'极品'面试官"，这也是日本女大学生需求职业时经常吐槽的事。在进行面试的时候，很多女大学生都会被面试官问及个人私生活方面，比如有没有男朋友啊，打算多大岁数结婚啊，出差或长期外派能接受吗，家长同意吗，来月经的时候会不会肚子痛不能上班啊等等，很有一点被一件一件脱光衣服的感觉。

通常说来，在日本的大学里面，女生一般要比男生更专心于书本，所以在找工作的笔试阶段，分数普遍都要超过男生，在面试过程中，女生也能在很短时间里就能和面试官相互沟通，如果单纯从分数和表现来看，女生整体要比男生表现好，但是从雇用比例来看，男生又压倒性地高于女生。这究竟是为什么呢？

原因说出来也并不复杂，就是因为女生将来会面临结婚、怀孕、生孩子等等，这其中任何一个步骤的出现，都有可能让女员工立即辞职不干。所以，用人一方的公司，自然慎重。至于说那些正红着眼睛找工作的女大学生更多地被"狼友"们当成"小红帽"，就是日本社会的另一个隐私的问题了，不说也罢！

日本女警察受热捧不仅因为有性感

女警察一直是世界各国靓丽的风景。女警办案或者女警上街执勤的愈来愈多。就连神秘的朝鲜，女警察也有很多，朝鲜对女警察的要求较高，除了长得好，还必须得未婚。在日本，不仅有女警察，比例亦高于其他国家，性感漂亮者众，在日本街头也经常有女警巡逻。

日本警察厅近日公布的 2012 年度《警察白皮书》显示，日本全国现有警察约 25 万人，其中女性警察人数为 1.77 万人，占全体的 6.8%，刷新了历史最高纪录。2002 年，日本全国的女性警察人数为 9390 人，约为全体的 4%，之后年均保持着 1000 人的增幅，10 年内已经增加了 1 倍。预计到 2023 年，日本女警察比例将增至 10%，届时女警察的比例，将继续领跑世界平均值。

网上有人邪恶地称，"一个盛产 AV 女优的国度，连警花都有点 AV 女优的模样。"日本的确有一些漂亮性感的女警察，但她们不是花瓶，而是有着相应的实力，女警执行警务的能力和漂亮无关。

日本女警察很受欢迎，显然不仅仅是因为性感，而是源于一种现实的需要。《警察白皮书》指出，增加女性警察人数有利于活化组织以及确保警察的素质，根据以往的录用情况来看，日本女性警察就职于交通部门的比例最多，而近年已经扩至巡逻、搜查等部门。

日本近年来家庭暴力等事件大增，女警察在处理家暴方面有着独特的优势，能够给予很大的帮助。日本全国各地警成立了"儿童女性安全对策组"后，对遏止纠缠儿童和女性等性犯罪产生了很好的效果，而小组中不少女警察更是利用其自身优势开展调查工作，发挥了独特的作用。

增加女警察的数量，还可以提振日本警察不景气的警察形象。日本警方的办事不力、爆丑闻的事情屡屡发生。诸如，大阪警察捏造证物败露；千叶县女性不堪跟踪狂骚扰报案，警员却因要外出旅行而怠慢公务，结果致该女性和家属被杀；静冈县警为掩盖下级过失被开除；京都警察私自泄露交通事故遇害者信息等。

近年来与日本警察有关的丑闻不绝于耳，而女警察的扩招，无疑能够大幅度地提升日本警察的形象。巴西女警察热情火辣，美国女警察经常"不爱武装爱裸装"，奥地利美貌女警花维持球场秩序时艳压全场……日本女警虽不乏漂亮性感者，但和其他国家比，出位者少，尽职尽责，形象完美。

只不过，在日本这个性文化发达的国家，"痴汉"非常多，有些竟敢色胆包天，威胁女警察，日本媒体曾报道，大阪一男子企图在电车上上演真人版"电车之狼"，对一名女性实施猥亵行为，但这名男子万万没有料到，自己企图猥亵的对象竟是一名女警察。

但这位受害女警察说，"我非常吃惊，这个禽兽突然抱住我令我措手不及。我下定决心不能放走这个好色之徒，最终这位好色狂束手就擒。"日本女警察不是好欺负的，虽然日本女性很居家，很内敛，可是当上警察也是别有一番性格的，千万可别小觑。

日本企业的女性高管"屈指可数"

女性在日本企业里面的地位如何？日本共同社8月29日汇总了对日本110家主要企业进行的有关"女性就业"的调查问卷。结果显示，虽然97%的企业称"积极起用女性很重要"，但实际女性很难被提拔到高层管理职位，人数最多的科长级，女性人数也仅占5%左右。

显然，在这个问题上，大多数日本企业是天桥的把式——光说不练。

为了消除就业歧视，日本在25年前通过了《男女就业机会平等法》。计算一下可以知道，从这项法律施行以后，成长起来的一代女性应该陆续达到可以升入管理层的年龄了。但是，现实并没有按照法律设计的轨道前行，企业中充分利用女性的情况却并不理想。

在这次调查中，一共有107家公司认为积极起用女性十分重要。在可供多项选择的理由中，最多的是认为"由于劳动人口减少，女性劳动力不可或缺"，有67家。其次有50家企业选择的理由是"从男女平等的角度出发"；48家企业认为"女性劳动力能应对顾客的多样化需求"。

从受访企业管理职位中女性所占比来看，科长级平均为5.4%，部长级（相当于中国企业的经理）为2.5%，董事级（首席执行官）更低，为1.7%，相当于一百人中仅有数人的程度。针对女性"理想的比例"一问，回答分别为科长级平均18.6%，部长级15.4%，董事级14.4%。相比之下，在美国等其他经济发达国家，女性高管比例在40%左右。

在作为管理层候补的"综合职位"中，受访企业中女性占到的比例在2010年度新人员工中平均为27.7%。

在女性人事任用方面，28家企业建议女性扩大工作视角，13家企业认为女性工作应该更灵活，另有12家表示，不希望女性过早离职。这些，都可以看作是日本企业不愿意提拔女性的"原因"。

共同社报道说，日本政府已经定下目标，希望在2020年前把女性高层管理职位比例提高至30%。不过，日本大多数企业似乎对这一目标"不感冒"。

日本是否亟须妇女顶起"半边天"？

被老龄化问题困扰多年的日本，似乎不再顾及男人们的面子了。

近日，日本政府希望，一向以"家庭主妇"形象著称于世的日本女性走出家庭，积极创业，为国家撑起"半边天"。

日本政策投资银行日前宣布，将举办女性创业者项目计划商业大赛。此举旨在面对因"少子老龄化"导致日本劳动人口减少的现状，完善促进女性积极创业的各种环境。创业时间不满3年的女性个体业主或公司法人代表都可以报名参赛。评委将审查参赛项目的独创性、报名者能力等，一等奖最多可拿到1000万日元（约合人民币82万元）的项目奖金。该行介绍称，2011年2月的统计结果显示：包括创业板在内，女性任法人代表的上市公司仅有31家，日本女性创业情况和工作环境正在持续恶化中。

对很多国家的男性而言，能够娶个日本老婆肯定是人生最幸福的事之一。但现实情况未必如想象的那么美好。现代日本女性已经和传统女性有了很大区别，她们已经不心甘情愿地在家伺候男人了。她们想拥有自己的事业，想在职场上打拼。但看看现状，还是有超过一半的日本女性"被迫"在家相夫教子。为什么会这样？在日本这个男尊女卑传统最为强大的国家，对女性极为不利的职场环境将她们"赶"回了家。

美国智囊机构职业生涯策略中心的一份研究显示，日本大学毕业生中将近一半是女性，但只有67%有工作，其中很多只是从事兼职。与美国女性相比，获得学位的日本女性自愿辞职的可能性要大得多，只有31%的美国女性愿意成为全职太太，而在日本这一比例高达74%。大部分美国女性辞职是为了照顾子女，然而日本女性辞职的最大原因是在企业中得不到重视。在受过高等教育而又选择辞职的日本女性中，有49%是因为她们觉得自己的职业生涯已穷途末路，这一比例在发达国家中相当惊人。

这份调查还发现，受过高等教育而又辞职的日本女性中约有66%称，如果雇主允许更灵活的工作安排，她们就不会辞职；77%已辞职的女性希望重新就职，但只有 43% 的女性能找到工作，相比之下美国则有 73%；在那些重返职场的女性中，有 44% 的人薪资比上次辞职前要低，而有 40% 的女性则只能接受级别更低的职位。

如今很多有志于在职场打拼的日本女性，更愿意去外企工作。2/3 拥有大学学历的日本女性认为，欧美公司对待女性比日本公司更为友好。一位从一家日本银行转至外国银行工作的女性惊讶地说："在这里女性可以有自己的观点，她们可以反驳，可以直言不讳。"

日本是全球人口老龄化最严重的国家之一。根据日本发布的人口白皮书，预计到 2050 年，日本人口将从目前的 1.27 亿跌至 0.9 亿，适龄劳动人口与需要赡养人口比例将由 7∶3 变成 1∶1。对于很多日本公司来说，寻找那些精力充沛、斗志昂扬的员工，将成为必须面对的问题。

他们在哪里呢？对于一边享用着太太精心准备的早餐，一边思考这个问题的日本企业老板而言，答案其实就明摆在面前——日本有一半的人才是女性。日本企业正疏忽大意地浪费着女性人才。美国高盛集团估计，若日本充分利用这些受过教育的女性员工，能为职场增加 820 万个人才，也能令经济多增长 15%——这相当于日本汽车产业规模的 2 倍！

日本虽然在很多方面早已跃入发达国家行列。但不得不遗憾地说，在妇女地位上，日本还是一个彻彻底底的"发展中国家"。不仅是很多欧美公司的做法值得日本学习，如 IBM 日本分公司鼓励弹性上班制、百时美施贵宝医药公司召回因分娩而离职的女性员工计划等，即使是如新兴国家的中国在提高女性员工待遇、改善女性职场环境方面的措施也值得日本借鉴。日本不能在"不得已"的时候才想起妇女们，而应该时时刻刻关心妇女，为妇女们创造良好的社会环境和工作环境，这样才能真正让日本妇女顶起"半边天"。

日本职场女性心灵之水为何"干枯"？

"女人是水做的"。如此说来，一是因为女人爱哭，二是体现在女子的纯净和她们柔情似水的性情。如果一个女人的心灵之水干枯了，那么，影响的不仅是她们的容貌，还有她们的心理。

日前，日本某调查公司以 500 名 20—49 岁年龄段女性为对象，进行了一项心理调查。而调查结果十分令人吃惊：在那些外表光艳照人的职场女性当中，竟有近 70% 的人感到身心憔悴。她们表示，日常生活中自己经常感到内心枯燥乏力。有人诉说，"每天下班后，当拖着疲惫的身躯回到家中后，再也无力干任何事情，甚至连冲澡都觉得是一件麻烦事。"有人表示，"内心的烦恼无处倾诉，也不想在别人的面前表现出来。所以当接到亲朋好友邀请时，只好用谎话婉言谢绝。"

细观当今日本，一方面是女性受教育程度越来越高，加上国家积极立法促进女性融入社会，使得各行各业中的女性身影越来越多。而女性自我意识的不断增强，让日本女性开始逐渐摆脱对男人的依赖。结婚生育后依然坚持工作的女性大有人在。另一方面，国家经济的不景气直接影响了日本家庭的收入多少。以至于很多原本退职在家的女性，也不得不重新外出谋职挣钱。就这样，从表面上看，日本女性的就业情况好于男性。但是，根深蒂固的日本公司文化让职场女性备受歧视。一些日本企业虽然为女性提供了岗位，但看中的并不是她们的智慧，而是她们娇美的容貌和娇娆的身材。在这样的企业文化影响下，女性常常得不到应有的尊重，动不动就被说成"女人家家的"，好像做什么事都不被看好。即便在工作上有了成绩，得到上司赏识，也会招来男同事的妒忌。可以这样说，虽然目前日本女性失业率低于男性失业率，但职场女性面临的隐形失业风险要比男性大很多。一旦企业经营发生变故，女性的失业概率会高于男性很多倍。

女性是柔弱的，她们比男性更需要呵护。相对于职场升迁，她们更看重来自家庭的温暖与关爱。当她们拖着疲惫的身躯回到家中，肯定渴望得到心爱之人的亲吻与拥抱；当她们在职场受到委屈，肯定渴望依偎在心爱之人的怀抱里，得到珍贵的理解与支持。

不过，日本社会的现实状况常常令日本职场女性倍感失望。

首先，在日本社会的传统观念中，妻子是要体贴丈夫的。男人下班回家，女人要亲切地上前问候，然后温柔地帮助更衣、进餐，直至就寝。而且，日本男性经常工作到很晚才回家。所以，女人要想得到丈夫的温存，十有八九是奢望。

其次，在"男主外、女主内"的社会观念影响下，日本男性对于妻子外出挣钱是有想法的，即便是在他自己收入不足的情况下。日本内阁府最新调查显示，46.9%的女性希望婚后仍坚持工作赚钱，但只有18%的男性希望妻子婚后去工作，77%的男性认同婚后丈夫赚钱养家，49.7%的男性认为家务应由妻子做。如此一来，职场女性回家后不被"挖苦讽刺"就不错，哪还能指望向丈夫倾诉苦水呢？

最后，在日本职场女性精神压力无法排解的同时，她们的生理需求也得不到充分满足。激烈职场竞争，让日本男性的工作压力越来越大，却令他们性欲越来越弱。职场女性虽有力求独立的坚强一面，但同样渴望另一半给予的性爱滋润。可是，当男人们终于摆脱一天紧张的工作，放松身心躺在床上后，"性"趣早已荡然无存。而缺少性爱的滋润，更加快了日本职场女性"心灵干枯"的速度。

"女人是水做的"。这句话中还体现了女性力量的一面。所谓"水滴石穿"，女性之水可以孕育生命，也可以化解污尘。但如果女性之水"干枯"了，女性的力量也就消失了。而这个世界如果缺少了女性之水，男人还能干什么呢？

日本职场女性怎会变身"虎狼女"？

一句话不和就吵了起来，继而大打出手，相互扯破对方的衣服扭打成一团。不仅在场的同事劝架不成，就连闻声而来的上司也遭到谩骂。这一幕闹剧就发生在日本山形县天童市市政府，而当事人是两名年过四旬、存在个人恩怨的女同事。8月中旬，天童市以扰乱办公室风纪为由，向当事人下达了停职6个月的惩戒处分决定。

在许多外国人看来，日本职场女性仪表文静典雅，举止恭顺沉稳。如今，淑静贤惠的"大和抚子"突然变成凶恶的"虎狼女"，难免让人百思不得其解。探究个中原因，恐怕还要从日本女子的社会地位和社会角色追根溯源。

众所周知，日本女性的社会地位普遍不高。日本传统家族制度下的女性"三界无家"：在家从父，既嫁从夫，夫死从子。这一情形直到二战后日本新制定的法律增加了保护女性权益的内容，才有所改变。20世纪60年代，日本经济进入高速发展阶段后，劳动力资源稀缺的情况日益显现。这时，日本女性挺身而出，在各行各业崭露头角。而自20世纪90年代日本经济泡沫崩溃，为生计所迫，日本女性更是不得不像男人一样在职场打拼。

如今，日本女性的受教育程度大大提高，并在各行各业中证明了自身价值，但是，"男尊女卑"的状况并未发生根本转变。首先，与日本男人下班后可以三五成群去居酒屋喝到半夜再醉醺醺回家不同，她们在承担社会责任的同时还要顾家，可谓"家里家外一肩挑"。而日本职场竞争激烈，加班加点是常事，这样，她们的工作强度和由此产生的精神压力、心理上的不适感可想而知。其次，日本的企业文化对女性的重视很不够。相比世界500强企业中女性高管通常占13.5%，日本上市公司的这一比例仅略高于1%。尽管97%的日本企业承认"积极起用女性很重要"，但鲜有企业提拔女性到高层管理职位。人数最多的科长级，女性也仅占 5% 左右。众多日本职业女性为工作和家庭付出无数，却得不到关心和回报，必然心存不满。

比起男性的豪放、大度，女性更为细腻、感性、脆弱，遇事爱较真儿，易耿耿于怀，争出是非曲直。同事之间闹点意见本属正常，日本男人们下班后开怀畅饮，工作中的矛盾往往在推杯换盏中烟消云散，"一笑泯恩仇"。而日本女性兼顾家庭和工作，本已承受巨大压力，工作中得不到重视，长期积累的压力又无从排解，积攒而成的导火索一旦在适当的时候点燃，必然会造成一场大爆发。一件普普通通的小事，也可能引起"世界大战"。

日本总务省人口动态调查数据显示，截至 2012 年 3 月底，日本总人口为 1.26 亿人，较去年减少 26 万人，减幅为 0.21%，为 1968 年该项调查开展以来的历史最高纪录。在日本"高龄少子化"趋势日益加重的未来，除了引进外国劳动力，推进本国女性就业不失为重振日本经济的主要途径。但另一组关于毕业生就业率有所提高的数据显示，截至 2012 年 7 月，将于 2013 年 3 月毕业的日本大学本科及研究生就业签约率为 58%。然而，男女生就业签约率严重不平衡，文理科男生就业率均明显高于女生。可见，女性在职场上仍处于劣势。

未来，日本社会若想真正发挥女性的作用，就不能只将女性作为劳动力而不顾及她们的职业发展，就不能忽视对职场女性的心理关怀和帮助，否则，类似在天童市市政府发生的那一幕，想必还会多次重演。

酒井法子，究竟是什么样的"高手"把你带"坏"了？

酒井法子，曾经"清纯"的女星。你曾经因为"清纯"而倾倒了日本的、中国的，还有亚洲许多国家的难以计数的"粉丝"。至今，他们也不肯舍弃心中那份恒久的眷恋和痴痴的依恋。

但是，20多天过去了。自从你那个不争气的丈夫因为持毒被大檐帽逮捕以后，自从你为此失踪、自首，自己也因为持有毒品被逮捕以后，关于你"清纯"的记录好像都被"删节键"给删除了，你跳脱衣舞、你对毒品"样样都沾"、你和丈夫的情人不清不白的关系、你的父亲和兄弟都是黑社会成员，等等，都毫无遮掩地纷呈在社会的大舞台上。"清纯"的偶像，原来并不"清纯"。

　　不过，我还是坚信你的"清纯"。初中三年级的时候从福冈上京，在东京大都会闯入演艺圈，那个时候，你应该是"清纯"的，应该还是一个清纯的小丫头。但是，所有的潜规则，让你无法继续清纯下去，但还要持续地打造你的"清纯"形象。这就是世道的险恶之处，人心的叵测之点。

　　现在，警方说你被捕前"失踪"了6天，其目的就是要躲过明知在未来无法躲过的尿检。据说，只要是停吸十天以上，尿检中就不会出现吸食毒品的阳性反应。显然，在"高手"的指点下，你这样做了，6天之间四处奔波，行程400多公里。结果，自首被逮捕以后接受的尿检中还真的没有出现吸毒后的那种阳性反应。我猜想，得知结果的那一刻，你心中可能为结识这样的"高手"而暗暗地欣慰。

　　现在，警方说你自首前把头发剪短了，剪到了长度只有20英寸左右。显然，这又是"高手"指点的结果。因为你丈夫出事的8月2日的深夜，你匆匆忙忙赶到涩谷街头的时候，还是一头飘逸的长发，让大檐帽都看着感到喉头发干。可是，这次好像真的不理想，警方硬是剪下来你几十根头发，毛发鉴定的结果，你是吸毒的。虽说这种鉴定结果只能成为未来法庭上的辅助证据，但它也是证据之一啊。我推测，得知这个鉴定结果那一天，你心中会暗暗地责怪那个"高手"：滥竽充数，摆什么老资格？

　　现在，警方说你自首的时候，拿的是你10岁儿子的手机。你告诉警察叔叔，"我在山梨县的时候，打开过手机电源，结果看到里面有大量的短信和'未接电话'的号码，我就又急急忙忙地把电源切了。""后来，手机坏了，我就给扔了。"这个，应该也是"高手"指点的结果。日本的警察是优秀的，媒体报道说，警察已经把你的手机找回来了，根据手机的损坏状况，判断你是"自损"手机的。警方透露，现在，仍然可以花费一些时间从手机电话公司以及电信机构那里查清你的通话记录。警方认为由此可以查清你所吸食兴奋剂的入手渠道和交友关系，他们真的很看重证据啊！我臆断，到目前为止，你还不知道手机已经被警察叔叔找回来了，你可能还在心中感谢"高手"考虑问题的周全。

一个"清纯"的女星，就是被社会上这样形形色色的"高手"带坏的，就是这些人在剥脱着你一件又一件"清纯"的外衣。当你裸身面向大众的时候，你的身上已经是污痕斑斑了。但是，这个社会、这些"高手"，是绝对不会为你承担责任的。

我依然相信你是清纯的。因为你在"失踪"期间，曾给收留你儿子的、你丈夫的情人、你曾经的闺中密友打电话，请求"让我听听儿子的声音"，因为你在自首前失声痛哭，说"儿子怎么办？儿子在学校怎么办？"这些，闪烁出一个母亲最"清纯"的母性光辉，一切污痕在这种光辉下都显得黯然无光、并不重要。

"孩子见风就会成长的。"法子，你如今只好相信我这句话了。作为一个吸毒的母亲，你可能要在相当的时日里面于铁窗中守望儿子了，希望下一代更能坚守"清纯"。

日本社会"毒"流四溢　酒井法子只是"缩影"

日本演艺界人气女星酒井法子涉毒事件曝光以后，人们先是把眼光盯在酒井法子身上，几乎是日日"人肉搜索"般地翻她的老底。结果，很快就缕析出她的"毒龄"不仅仅是一年，而是一个"常习犯"；

她涉及的毒品不仅仅是兴奋剂，而是大麻、可卡因"样样都沾"。除此之外，酒井法子的丈夫高相佑一因为持有毒品也被东京警方逮捕起来，酒井法子的弟弟、黑社会成员酒井健因为吸毒被起诉正在接受福冈地方法院审理，酒井法子死去的父亲就是贩卖毒品的等等，都被披露出来。

其实，酒井法子只是一个"缩影"。日本社会吸毒正呈现出蔓延之势，盘点一下就可以知道，日本演艺圈2009年吸毒、涉毒事件频发。年初打头炮的是1月被捕的巨乳AV女星小向美奈子，紧随其后的是摇滚乐队Happy End吉他手、57岁的铃木茂，还有著名演员中村雅俊的长子中村俊太也因涉嫌毒品而被捕，害得老爹公开在媒体上向粉丝们道歉。8月3日，有"绯闻制造机"之称的人气男星押尾学更是发生与陪酒女郎在床上吸毒导致该女郎裸死的"丑闻"。向前推看，2008年则有歌手约翰·健因为吸食兴奋剂被警方带走，曾获第14届东京电影节"最佳新人奖"的演员加势大周持有兴奋剂、大麻，音乐家冈村靖幸吸食兴奋剂。

被日本人称为"国技"而倍感神圣崇高的日本相扑界也遭"毒"袭。2009年2月2日，日本相扑协会对涉嫌藏毒的著名相扑运动员若麒麟给予解雇的处分。日本警方1月30日的时候，以非法持有大麻为由拘捕了25岁的若麒麟。据《日本时报》报道，在过去6个月里，日本相扑界已有4名运动员因吸食大麻而被开除，此事成为日本体育界有史以来"最丑陋的新闻"。

其实，日本大学也是一个遭遇"毒品污染"的重灾区。据日本《读卖新闻》报道，2003年4月以来，共有10所大学的43名学生因涉嫌违反《大麻取缔法》而被捕。但是，截至2007年，大学校园内还未曾发生过贩卖和吸食大麻的事件。不过，进入2008年以来，日本的庆应大学、法政大学和关西大学都发生了这类事件。其后，有21所大学专门派人在校园内巡逻"缉毒"。

尽管如此，日本还是发生黑社会成员进入校园兜售毒品的事情。2009年6月10日，日本东京都警视厅在新闻媒体发布会上宣布，从2008年5月到2009年6月9日期间，警方逮捕了日本黑社会组织"住吉会"系的头目辻建浩等25人，原因是他们涉嫌违反《兴奋剂取缔法》和《大麻取缔法》，在日本著名私立"双雄"之一的早稻田大学校园内兜售兴奋剂、大麻等毒品。这又从另外一个侧面说明了毒品在大学校园是有"市场"的。

更令人震惊的是，日本社会的吸毒现象不仅在演艺界、大学校园蔓延，还渗入到本应军纪严明的日本军队。上个月24日，位于东京都练马区的日本陆上自卫队练马驻屯地的尿检报告中，指出4名战士呈现吸食大麻后的阳性反应结果。上个月8日，东京都警视厅以涉嫌持有大麻，逮捕了该驻地上等兵28岁的铃木重德。此后，陆上自卫队根据东京都警视厅的通报，开始调查练马驻屯地内是否还有吸食大麻的情况，结果看到了不愿意看到的成果。

其实，早在2001年，日本海上自卫队就有两名士兵因为违反《兴奋剂取缔法》被逮捕。2005年，日本海上自卫队横须贺基地内又有10名潜水兵因为违反《大麻取缔法》被逮捕。从2002年开始，日本军队实施新兵入伍的药物检查制度。2006年开始，日本军队实行随时抽检制度。但是，这些也没有能够阻止住"毒攻"军队。

这种方方面面的"吸毒事件"，震撼了日本高层。演艺界吸毒的社会影响不可小视，大学校园的吸毒关系到"祖国的未来"，军队的吸毒更有可能摧毁"钢铁长城"。8月11日上午，围绕着这一连串的涉毒事件的发生，日本内阁的阁僚们举行恳谈会，一致表示要坚决贯彻三个"彻底"的精神。第一是"在社会上彻底落实防止乱用毒品药物的对策"，第二是"在学校彻底进行禁毒教育"，第三是"在学校彻底采取取缔毒品"的行动。恳谈会建议今后日本政府要用5年的时间来推进防止乱用毒品药物的战略。

"毒"流奔涌，贻害民众。日本会不会因此成为亚洲"吸毒大国"，人们是有理由担心的。

吸毒让"教育妈妈"酒井法子热情减退

日本人气女星酒井法子与丈夫高相佑一因为涉嫌违反《兴奋剂取缔法》相继被警方逮捕后，这股强烈的冲击波不仅在社会上引起震荡，在他们10岁儿子就读的小学里也激起波浪。

演艺明星的孩子送入名校，这是世界上共有的社会现象。酒井法子儿子所在的学校也是一个日本明星、大腕、名人后代聚集的学校，入学门槛之高在东京是有名的。现在，学校正值暑假期间，据学校有关人员介绍，自从酒井法子和儿子一起失踪的消息传出以后，家长们很关心孩子的情况，不断地向学校表达担心、忧虑、不安的心情。有的家长表示，父母双双因为涉毒被捕，在社会上影响极坏，自然应该受到谴责。但是，这对于一个年仅10岁的孩子来说，肯定是压力非常大的。我们应该同情、帮助这个孩子。

学校工作人员还透露，作为家长的酒井法子，以往在学校并不耍"明星大腕"的派头，而是把自己当作一个普通的母亲积极参与学校的亲子运动会等各项活动，同时还出任学校家长委员会的义工，热心学校的公益工作。学校的老师和家长都称赞酒井法子"亲切和蔼，不加任何掩饰，也不矫揉造作"，评价一直不错。

但是，也有的老师介绍，大约从两年前开始，发现这个热心学校公益事业、用心栽培儿子的"教育妈妈"热情渐渐地淡薄了，学校的活动参加得越来越少。按照酒井法子目前向警方的供述，她是从"2008年夏天开始吸食兴奋剂"的。可是，按照她丈夫向警方的供述，两口子4年前就开始吸毒了。不管从什么时间开始，吸毒都会对教育儿子产生负面影响。人们推测"教育妈妈"热情减退的原因应该就是吸毒。

　　据学校的老师介绍，酒井法子的儿子现在上四年级，性格很好，与同学的关系一向不错，在小朋友中很有"人气"。现在，学校的老师和家长们都很担心，这一连串的意外事件是否会给一个10岁的孩子造成严重的心理影响，这个孩子在暑假以后还能按时上学吗？

第五辑 日本女性与政治

看看日本战败后女性如何对待美军

其实，1945 年日本战败以后，日本女性如何对待美军一直都是一个热门话题。对此，我也不想多说了。从我收集的老照片来看，日本女性对占领军采取了服务业热情接待、舞场翩翩起舞、虚心学习英语、最后干脆上床等等行为。所有这些，可能用"看图说话"的方式，更好。

根据目前看到的一些照片资料，大致分为"歌舞升平"——舞厅中的穿着和服的伴舞女；"从日本料理到欧式咖啡厅"——在日本各式餐饮业中从事"涉外"服务的陪酒女；"商业服务"——在普通商业机构中工作的女性；"社会工作"——作为沟通驻日美军和日方机构之间的工作人员的女性；"情爱"——与驻日美军缠绵悱恻的日本女性；"特殊色情'劳军'服务"——自愿为国家"献身"，以身体为驻日美军服务的日本女性等几类。

歌舞升平

从日本料理到欧式咖啡厅

商业服务

社会工作

情爱

特殊色情"劳军"服务

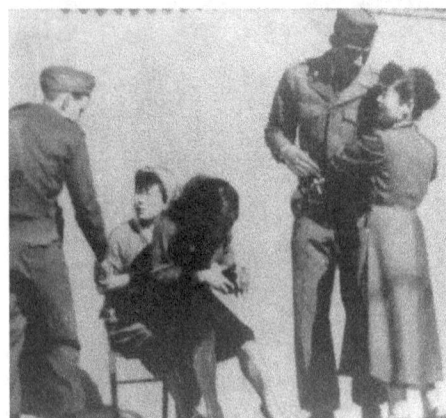

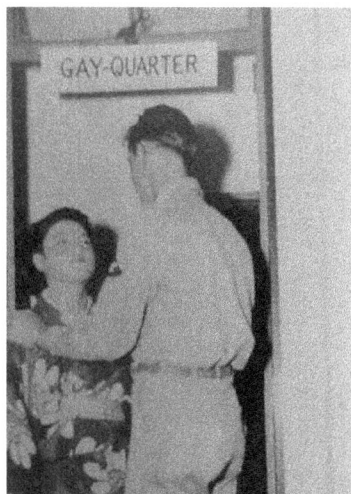

日本女性曾在大众浴池嘚瑟吊带裙

说起来那是二战结束以后，日本各个城市里面建立起来的几乎都是应急简易住房，因为此前美国报复性的狂轰滥炸，把许多城市的居民区都夷为平地了。这样，新建的房屋子里几乎都没有配备浴室，嗜好洗澡的日本人只好到大众浴池。那里也就逐渐变成平民的社交场。

1993 年 9 月的《Wacoal 新闻》报道里，1957—1958 年期间，"大

众浴池里的吊带衬裙"成为各媒体争相报道的话题。当时，许多女性去大众浴池洗澡的时候，会特意穿上颜色鲜艳的吊带衬裙，竟成为一种时尚。洗完澡的女人们在大众浴池的更衣室里一改传统的浴衣和宽松内衣装束，开始换上各种颜色鲜艳、装饰华丽的吊带衬裙。在男人们看不见的女性浴池中，各种花边和蕾丝装点出了一个女性的天堂，每个人似乎都是公主了。

在该刊物 1959 年 12 月号的"内衣杂感"栏目里，一位同是设计师的女作者写过一篇随笔，讲述她自己的少女时代里对内衣的复杂感情。"在战后的少女时代里，我曾用印有花朵图案的布来自制吊带衬裙。但我总觉得做好的衬裙只有自己能看到太可惜，于是就跑去大众浴池洗澡，实际上我是为了展示自己的吊带衬裙。"对于这位作者来说，大众浴池实际上就是她自己的时装秀场。

她的随笔里还有一段写到，"当时，在有名的船桥娱乐中心里，少妇们洗完澡欣赏歌舞演出的时候，几乎都穿着漂亮的尼龙吊带衬裙，第一次见的时候着实吃惊不小。"在 1959 年，从浴池出来后的休息时间都被各种吊带衬裙染成了彩虹色。

"本来，内衣并不是要给他人看的东西。但是，因为太美丽而想让别人看见又是大多数女性的心理。就算是没有人看见，能穿着别人穿不到的东西也会让人顿生优越感的。不管别人看不看得见，对于女人来说穿一件漂亮的吊带衬裙都是幸福的事，这种感觉估计男人是无论如何也不会明白的。"

正因为这样，20 世纪 60 年代，日本城市女性都在为吊带衬裙这种介于真正的内衣和外衣间的服装而疯狂，其中的乐趣也为同时代的女性所共有。她们当中的很多人认为，穿上漂亮、性感的内衣，并不是为了向男人献媚，只是为了满足女性对时髦的追求。也许正是在这些男人看不到的地方，女性才能毫无保留地表达自己的对美、对时髦的想法和态度。这种想法可以说引领了此后到来的"内衣时装化热潮"。这些隐藏在外套下面的内衣，在男人们看不见的时候悄悄地实现了"洋装化"。后来，随着日本进入经济高速发展期，各家配备了家庭用浴室，去大众浴池洗澡的人越来越少。嘚瑟吊带衬裙的事情，变得越来越难。当然，"内衣外穿"的风潮到来以后，那就另说了。

日本强弱不同时对女性的摧残与糟蹋

时至今日，我还没有看到中国在抗日战争结束以后惩罚"女汉奸"的有关资料及报道。或许是没有吧，我有时候也这样想。但是，我知道有些原"慰安妇"在中国的"文革"时代是遭受了不公平的待遇的，有的就被称为"汉奸"。这在旅日华人班忠义有关"慰安妇"的报告文学中可以看到。我也听一位退休老外交官说过，他就反对中国与日本讨论"慰安妇"赔偿问题，"向人家要祖辈卖身的钱，丢人！"

我在法国历史学家罗伯特·科尔的《法国史》中看到了这样一段介绍二战后的文字："对法国来说，一切都成为过去，只剩下呐喊和报复。约有9000名通敌者被匆匆忙忙处死。在多尔多涅河谷，恐怖活动盛行。'横向勾结'——法国妇女和德国士兵之间的私通——被处以特别严厉的处罚：妇女被当众羞辱，她们通常会被剃光头发、剥掉衣服当街示众……"这是法国人对"法奸"的处罚，丝毫显示不出来法国化的"浪漫"，或者说一部法国浪漫史的背后也有重重血腥？

日本呢？我看到过这样一幅"老照片"，上面写着："在横滨召集的'B级'战犯审判中，一位日本护士被判处5年徒刑。她被证实参与了对一名美国空军战俘的活体解剖，这是战争最后的几个月里，在九州帝国大学实施的数项暴行之一。"由此得知，二战结束后，日本也有女性"B级"战犯。当然，这种刑罚不是来自于日本政府，而是美国人主导的远东国际军事法庭，用日本人的话说，是"胜利者对失败者的审判"。

那么，如果读一读美国人约翰·W.道尔写的《拥抱战败》，就可以看到日本这位"战败者"是怎样取媚"战胜者"的了。

科尔在该书第二部"超越绝望"第四章"战败的文化"中有这样的记述：日本战败特别是美国占领军进驻日本以后，日本前首相曾经恳请警视总监"保卫日本的年轻姑娘"，日本大藏省也认为"用一亿日元来守住贞操不算昂贵"，构想"征募少数女性作为保护日本良家妇女贞操的缓冲器"。结果，东京市中心的银座竖起了巨大的广告牌《告新日本女性书》，上面有些暧昧地写着："作为国家战后处理紧急设施之一端，我们寻求新日本女性的率先协力，参加慰问进驻军的伟大事业。"还提到工作职位："女性事务员，年龄18岁以上25岁以下。提供住宿、服饰和伙食。"

绝大多数被广告吸引来参加面试的女性衣衫褴褛。在被告知将来实际的工作以后，大部分人都离开了。在剩下的女性中，有些人宣布与食宿有保障比起来，更吸引她们的是"为国"献身的召唤。毕竟，这其实就是她们一直所受到的爱国的、自我牺牲的教导。截至8月27日，东京共有1360名妇女被征募。她们很快就被称为R.A.A.，这是"特殊慰安设施协会"的缩写。

数百名美国大兵很快抵达东京大森町的一处R.A.A.设施，那里聚集的少数姑娘是最缺乏经验的新手。既没有床、寝具，也没有单独的隔间，奸淫行为就在没有隐私的情形下随处发生，甚至是在走廊上。目击当时情景的日本人后来作证时都非常愤怒，说这是无耻的"动物的性交"，暴露了所谓美国文明的"本性"。据说，当时的警察署长都为此流泪哭泣。

书中还有一些描述，近似于"小黄段"，不录也罢。读着这些，我产生的感受是：当日本处于强势地位的时候、具有侵略者身份的时候，它可以无情地摧残和糟蹋处于弱势地位、被侵略国家的女性；当日本处于弱势地位、具有战败者身份的时候，它可以把自己国家的女性送出去任战胜者无情地摧残和糟蹋。这种本来应该称为"日奸"的女性，在日本成为了"英雄"，她们敢在皇居前广场举行的就职仪式上宣读誓言："我等敢大声直言，是为维护国体挺身而出。"

还是美国人有"觉悟"。美国占领日本数月之后，R.A.A. 就被废止了。1946 年 1 月，占领军当局命令全面禁止"公营"卖淫业，公开宣称它是非民主的，也是侵害妇女人权的。

但是，此事凸显出来的日本民族性，给一个中国人的刺激与冲击还是很大的。

日本战败后女性挣扎在饥饿的面前

战败后，日本饿殍满地。但是，我看到了一幅老照片。1945 年 11 月 20 日，两位身穿和服的日本女性在家中"盛情招待"占领美军吃鸡素烧。那个时候，只要能够有饭吃，就无所谓"耻"。

战争中的女性是疯狂的女性。东史郎在《东史郎日记》（江苏教育出版社，1999 年 3 月第一版）中记述了"卢沟桥事变"后他应征入伍时的情景："九月一日，母亲来与我告别。我们在旅馆楼上相见。母亲很冷静。母亲说，'这是一次千金难买的出征。你高高兴兴地去吧！如果不幸被支那兵抓住的话，你就剖腹自杀。因为我有三个儿子，死你一个没有关系。'接着，她送给我一把刻有文字的匕首。母亲的话让我多么高兴。我觉得母亲特别伟大。没有比这时更知道母亲的伟大了。于是，我心中坚定地发誓——我要欣然赴死！"

这就是战争年代的日本女性、日本母亲！当然，在战后她们饱尝了这种疯狂的后果。

与那两位能在家中招待占领军的日本女性不同，当时广大的日本女性却要挣扎在饥饿的面前。她们这些家庭主妇要拿着锅排长队等待配给粮食。

日本华裔女大臣的男秘书街头劫色

日本《产经新闻》6月15日爆料，刚刚出任菅直人内阁行政刷新大臣的华裔女议员莲舫，出师不利，自己事务所经费问题还没有搞清楚，手下男秘书街头伸出"咸猪手"的事情又浮出水面。

据东京都警视厅池袋警察署透露，6月2日凌晨2点5分，莲舫的男秘书在东京丰岛区池袋的川越大街步行道上骑车，突然看上了一位正在回家途中的18岁女性，追上去做了三个动作：第一，撩裙；第二，摸臀；第三，逃跑。

就在这时，东京都警视厅的巡警开车经过此地，看见神情慌乱的女性，停下车来询问情况。这位女性当即指着前方说："那个家伙是色狼！"警方立即开车追了上去，四个轮子毕竟比两个轮子快，男秘书被带到池袋警察署——要求"必须把问题说清楚"。

开始，莲舫的男秘书一口咬定，"我什么都不知道"，否认自己的色狼行为。其后，终于承认"我因为想看看裙子里面，就做了那样的事情"。当时，受害女性因为"想早回家"，就没有在警署填写"受害报告书"，警方也就无法立案，只能对男秘书讯问一番了事。警方透露：看起来，这位男秘书有点喝醉了的样子。

日本《产经新闻》为此采访了莲舫事务所的律师，他们承认男秘书和女性之间有了"麻烦的事情"，也曾经接受过警方的讯问。"但是，此事并不是作为刑事案件接受讯问的。男秘书也没有成为刑事案件的犯罪嫌疑人。具体内容，无可奉告"。

此事对莲舫的政治前程有什么影响，现在还难以预料。在日本，政治家的秘书捅娄子惹祸，政治家本人是要承担连带责任的。如今，可以预料的是，这位男秘书基本上可以"洗洗脚回家"了。

这，就是日本政坛的一幅风景画。

日本华裔女大臣莲舫身陷"照片门"

近日，日本唯一的华裔女议员、女大臣莲舫有点不顺，国会内挨批，党外遭讽刺，个人连连道歉，但还是难以过关。

事情的起因来自一组时尚杂志上的照片。不久前，莲舫接受了日本时尚杂志 *VOGUE NIPPON* 11 月号的专访，并为其"卷首特集"在国会议事堂内拍摄了一组时尚大片。这家杂志如获至宝，发行后在自家网站上大力宣传这一"创举"。

按照日本的有关规定，国会议事堂内可以拍摄议员们进行的公务活动，不允许出于个人宣传及以营利为目的的拍摄。于是，日本民主党籍参议院议长西冈武夫 10 月 7 日做出了一个罕见的动作，在国会召见莲舫，对其在国会议事堂为时尚杂志拍摄照片一事提出"口头警告"。当天，在参院议院运营委员会理事会议上，在野党也就此事提出批评，认为莲舫"没有满足摄影许可的标准"。事后，莲舫在接受媒体采访时，就此事进行了道歉。

但是，事情并没有过去。10 月 12 日，担任日本自民党"影子内阁"行政刷新担当相①的河野太郎在众议院预算委员会上再次提到了莲舫的照片问题，他还说，"因为莲舫是菅直人内阁的行政刷新担当相，我是自民党'影子内阁'的行政刷新担当相，作为工作内容大致相似的人，我必须向她提出忠告。"莲舫不得不站起来再次道歉，然后回应称："我并没有拿报酬，也没有拿走拍照时穿的那些衣服。"河野太郎当众讽刺说："除了拍摄地点不恰当以外，莲舫还是很了不起的，是很上相的。"结果引起众人大笑。

分析人士指出，河野太郎"很上相"这句话，实际上是一语双关。一个意思是说莲舫面对镜头"很上相"，另一个意思则是暗示莲舫正在瞄准首相之位。

---

① 行政刷新担当相，日本官名。

的确，莲舫在接受日本时尚杂志 *VOGUE NIPPON* 专访时，不否认未来角逐日本首相宝座的可能性。她说，自己曾从事媒体工作，在采访过程中深切了解到日本的不景气和青少年问题，这是促使她步入政界的主要理由。她还表示，目前担任行政刷新大臣，将全力做好自己应负的职务，但并不否认担任首相也是自己的一种选择，因为从政工作令她乐此不疲。

正是这种"野心勃勃"的表示，才让华裔女大臣莲舫身陷"照片门"事件。此事无非再次说明，女人从政难，华裔女人在日本从政，更难！

日本华裔女议员莲舫在政坛遭歧视

日本华裔国会议员莲舫在政坛受到歧视，引起日本媒体的关注。据日本《每日新闻》报道，1月17日，在冈山市举行的政治资金餐聚会上，日本前经济产业大臣平沼赳夫在致辞中批评民主党政权开展的"事业分检"活动，认为没有必要对政府各个部门从事的项目都重新进行复查。与此同时，他指出参议院华裔女议员、"分检事业"负责人之一的莲舫"原来就不是日本人"。

报道指出，莲舫议员曾经对大型电脑开发费提出过质疑，反问"这笔费用据说是要用来开发出世界一流的电脑，日本为什么就一定要做世界第一呢？做第二就不可以吗？"针对此事，平沼赳夫在致辞中说："作为政治家，这是一个非常不谨慎的发言。"然后，他又讲："我虽然不愿意说，但我还是要说，做出这个发言的莲舫原来就不是日本人。""一个原来做女宣传员的人加入日本国籍后成为日本国会的议员，然后在'事业分检'中说三道四，这种政治是一种好的政治吗？"

事后，面对日本媒体的追问，平沼赳夫解释说，"她已经获得日本国籍了，我的发言没有种族歧视的意思。"

记者了解到，日本参议院议员莲舫是目前日本国会中唯一的华裔议员。她的父亲谢哲信是台湾人，母亲是日本人，她出生在东京，本人能够讲流利的日文和中文。1990 年，莲舫从日本青山学院大学法学部毕业，在日本朝日电视台担任新闻节目主持人。因为具有清秀美丽的面容和干净利落的话语，她在朝日电视台有"台花"之誉。1995 年，莲舫辞掉工作，前往中国北京大学留学。

1997 年，莲舫生下了一对龙凤胎，她给两个孩子取了富有中国意蕴的名字，女儿叫"翠兰"，儿子叫"琳"，希望他们不要忘记作为华裔的根。此后，莲舫开始关心儿童的教育问题，认为教育问题需要通过政治来解决。这触发了她投身日本政坛的愿望。2004 年，莲舫获得92 万张选票，当选为日本参议院议员。

莲舫认为，日本民主党是一个新的政党，它的"新"在于它不是由二世议员们组成的，而是由一般的公司职员、劳动者自愿参加的，大家都怀着一种救国的志向聚在一起，所以是一个充满朝气的同志式政党。自民党内的二世议员太多，就无法反映民意。民主党经历过一些风雨，但这些风雨都是一种学习，而不是挫折。

平沼赳夫是日本政坛著名右翼代表人物之一，一贯支持"台独"势力。2002 年 2 月，当时的陈水扁因其长期从事支持"台独"，还授予他"大绶景星勋章"。他赞成日本首相 8 月 15 日参拜靖国神社，对小泉参拜靖国神社高度评价，并要求后任首相安倍晋三继续参拜。在历史认识问题上，平沼赳夫认为"慰安妇"是商业行为，有关是"性奴隶"的说法都是没有根据的，他还担任"要求中国纪念馆撤下'错误照片'议员之会"的会长。

日本华裔女议员是"5 点钟女人"

强势莲舫！日本华裔议员莲舫 171 万高票当选！

7月11日晚上8点钟，日本参议院第22届大选开票后不到5分钟，日本各大电视台就发出了民主党籍候选人"莲舫当选"的消息，并称这是"闪电当选"。

细观这次日本参议院大选，可以看到一道奇怪的风景线——莲舫所在的日本民主党只获得了44个议席，以惨败告终；但莲舫本人却高票当选，这种"一党之劣难掩一人之优"的现象成为社会的话题。

莲舫在日本的人气，在选举战中可见一斑。在17天的选举战中，莲舫乘坐民主党租借的小型飞机走访了23个都道府县进行竞选演说，比民主党党首兼首相菅直人的演说地点还多了1个，总移动距离达到1.2万公里。据说，莲舫在鹿儿岛县指宿市的市民会馆举行竞选演说的时候，当地居民几乎全员参加。原本只能容纳1400人的市民会馆里水泄不通。工作人员说，"还是第一次看见这个会场满员，吓了一跳。"7月8日傍晚，莲舫在东京涩谷车站的忠犬八公雕像前进行街头演说时，也出现了人山人海的景象。

"莲舫要来吗？超想看呢！"染着黄发，戴着假睫毛，画着浓妆，身着最流行的长裙和草帽的"涩谷女孩儿"也表示出了极大的热情。由此可见，莲舫已经能够吸引那些平时对政治完全没有兴趣的年轻女性。让她们停下脚步，实际上就是抓住了她们手中之票。

那么，这次日本参议院大选导致"民主党 NO！""莲舫 YES！"现象的原因究竟是什么呢？

2004年就强力推荐莲舫参加日本参议院大选的时政刊物 Inside 总编辑高野孟介绍说："民主党政权成立以来，强调以政策为中心施政，打破了原有的官僚体系。但是，菅直人首相并没有传承此举，反而打出了提升消费税的'增税之牌'。这构成了民主党失败的主要原因。另一方面，莲舫通过政府事业甄审工作，向全体国民表现了她与官僚体制为敌的决心，并且在选举活动中证明了自己的决心。这就是莲舫高票当选的原因。"

在分析莲舫"强势"原因的时候，还应该看到家人的支持和她的"平民感"。莲舫与日本记者村田信之在1993年结婚。这次，她的丈夫也到街头演说现场，并通过派发资料的实际行动来支持妻子。村田信之介绍说："大选期间，不管有多忙，她都会早上5点起床给孩子们做便当。每次都会做四五个菜，一点儿都不含糊。"的确，莲舫在选战期间，不管去多远的地方做演说，都会在行前给一对13岁的龙凤胎做好便当。除非特殊情况，莲舫一般是每天都要回家的。"早饭时间，她一定要跟家人在一起。另外，就算工作到很晚，就算喝醉了，回家后她也一定要亲自过目孩子们从学校带回来的《家长联系簿》等。她也是用这双眼睛来看政府事业甄选资料的。"村田笑着说。

"做一个好妈妈"，这也是莲舫的魅力之一。她透露，"丈夫和孩子们都鼓励过我很多次呢。"不过，莲舫在选举中并不刻意打"女人牌"。

虽说跟家人的关系已经很平民化了，但她还有更平民的时候。虽然她有国家发给国会议员的免费议员车票，但是她说"不能浪费税金"，不是必须情况尽量不用。

过去，莲舫在著书《不是第一不行吗？》（日本PHP研究所出版）里面说过这样的话。"我一直都是在'都怪我是女人'跟'因为我是女人'的矛盾中进行斗争。我一直让自己努力拥有可以跟男性国会议员对等对峙的专业。我的自尊让我不能容忍在政界被人认为'毕竟是个女人'啊！"有人说，这就是莲舫的"胜利方程式"。

日本坊间和媒体上正在流传：莲舫具有成为日本第一位女首相的梦想和野心。现在，拥有非凡人气的莲舫，很可能被推选为下期民主党党首候选人。

170万票，正在用票的力量展示着莲舫的未来。

日本媒体为何要苛刻华裔女性大臣？

2010 年 6 月，日本华裔女议员莲舫入选民主党菅直人内阁，担任行政刷新大臣，为沉闷的日本政坛注入一股"清新"气息。然而，她的履新之路并未因此变成一片坦途，反而多次遭到党内外的讽刺和批评。继 2010 年之后，2011 年日本《文春周刊》杂志再次把她评为"最不受欢迎女性"。

外表清纯美丽，当过电视节目主持人，上过时尚杂志"卷首特集"的年轻女议员，为何两度成为"最不受欢迎女性"呢？据报道，莲舫之所以让人觉得"讨厌"，是因为她"表情冷酷，在公开场合总是板着面孔"以及"言辞激烈，缺少女人味儿"。看似大众化口味的答案背后，却隐藏着更深层次的原因。

的确，随民主党上台而走到媒体面前的莲舫，从一开始就给人以"不同于寻常女性"的严肃面孔和"过于咄咄逼人"的强势表现。在鸠山内阁时期，莲舫负责审议甄别政府各部门的预算项目，她严肃认真的工作方式和强硬态度，让习惯于官僚作风的各省厅官员感觉不舒服，被批为"傲慢的女性"。进入内阁、担任行政改革担当大臣后，其雷厉风行的工作姿态丝毫没有改变。出手清查官员收受巨额礼金、紧盯充当"浪费温床"的"特别会计"预算项目，无形中，莲舫的做法得罪了某些既得利益集团，挡了某些人的"财路"，因此难免遭人嫉恨。

日本是一个以男权为中心建立起来的社会。"男主外，女主内"的观念深入人心。在这样的社会体系当中，女性往往仅被看作是男性的陪衬，是应该从早到晚走在男性身后，为男性服务的。但是，在 2010 年日本参议院的改选中，莲舫共获得 171 万张选票，以高于第 2 位近一倍的优势成功连任。在菅直人内阁处于极为不利的形势下，莲舫却获得了压倒性多数的支持，被称为民主党的"票后"。她极高的人气度，对日本男权社会产生了极大的挑战，也刺激了日本男性的心灵伤口。在此情形下，莲舫也成了他人紧盯的对象。质疑日本超级计算机的研发费用，莲舫被批"女艺人出身的议员竟在'事业分检'中说三道四"；在国会议事堂为时尚杂志拍摄照片，她被指为个人作秀而受到口头警告；在政党之争中被曝收受企业老板政治礼金；甚至前不久在欢迎不丹国王夫妻的晚餐会上准备打手机，也被媒体拿出来炒作一番。

在这样的社会背景下，因"性格强势"而不受欢迎的女性又岂止莲舫一人。在本次《文春周刊》公布的名单中，现任内阁厚生劳动大臣小宫山洋子也榜上有名。有评论戏称，内阁仅有的两名女大臣都成了"女性最讨厌的人"。如果再往前看，几乎所有从政的日本女性都曾遭到过非议。曾出任外务大臣的田中真纪子与外务省官僚之间的矛盾甚至闹到了"水火不相容"地步，背后被人称为"女阎王"。

耐人寻味的是，《文春周刊》杂志发布的评选结果是由 1000 名女性读者投票得出的。或许，在这些女性看来，莲舫和小宫山洋子是她们当中的另类。这从另一个角度反映出，在男性主导的日本社会中，女性意识的无力与无奈。

应该看到，华人在日本社会的成长发展是艰辛的，华人在日本的从政之路更会充满荆棘和坎坷。莲舫的从政之路和她所取得的成功，不仅再次为世人展示出了华人风采，对于在日华人社会，也产生一种激励性的作用。如此说来，日本媒体不应如此苛刻对待莲舫，华文媒体更应为莲舫鼓掌叫好。

"美女刺客"加剧日本大选乱象

12 月 16 日，日本将举行大选。目前，已经有 12 个政党、超过 1400 名候选人角逐众议院席位，而一些政党纷纷派出"美女刺客"，更是让日本大选有了某种娱乐化色彩。

"美女竞选"先例由前首相小泉纯一郎开创，2005 年他为推动"邮政民营化"而举行大选，成功让83名被称为"小泉宝宝"的男女新人当选，震动日本政坛。2009年大选，时任民主党代表小泽一郎也效仿，在自民党要员所属选区扶植大批"小泽女郎"竞选，多达26人成功进入国会，引起媒体热议。由于美女当选率较高，日本各政党在这次大选中争先恐后挑选美女参加竞选，并互派美女作为"刺客"与老牌议员叫阵。

由大阪市长桥下彻与前东京都知事石原慎太郎等右翼政客组成的"日本维新会"，这次派出多名女候选人，被媒体称为"桥下宝贝"。"桥下宝贝"包括29岁的美女上西小百合、30岁的"写真女郎"佐佐木理江以及参加过"国民美魔女选举"决赛的38岁滑雪女将海老泽由纪，名单中还聚集了其他行业的"女名人"。日本《女性周刊》称，桥下彻为了对抗民主党官房长官藤村修，在大阪7选区推出上西小百合作为候选人。上西在一次次街头演说中高喊"只要维新，日本必定会改变"，引起民众注意，"日本维新会"的支持率也大幅上升。《日本体育》也以"第三极刺客想要猎取大人物"为题报道称，在来自民主党的防卫副大臣长岛昭久的地盘，"日本维新会"派出"写真女郎"佐佐木理江。报道称，佐佐木理江的街头演说水平有限，只会重复5套背诵的演说文，但她"想要改变世界的热情是他人的一倍"。

12月3日的《日刊体育》也称，小泽一郎对抗民主党要员的"刺客"也是多名女性，包括小泽的美女司机北出美翔、现任岩手县知事的妻子达增阳子等人。《文春周刊》称，这次大选进行的是"美女刺客"大作战，美女议员三宅雪子奉"小泽之命"与首相野田佳彦对决，野田佳彦、前首相菅直人等政治家为避免落选，也不得不进行街头苦战。

日本媒体分析称，对国家政权的强烈渴望，驱使这些政治势力加紧运作，但使用大量毫无政治经验的美女参选，会让大选变为"女优选举"，"是对国家政治不负责任的做法"。日本著名女政评家横田由美子也批评称，"日本维新会"推出来的女候选人虽然年轻貌美，但

"这些人连演说都不行，怎么放心将国家政治交给她们"？乱象丛生的日本大选也让媒体大为感叹。日本《读卖新闻》称，执政党民主党遭遇"逆风"，民主党议员为了死守议席不得不背水一战，有的议员甚至夫妻跪拜选民。日本《产经新闻》12月3日称，日本民主党代理干事长安住淳公开"下战书"，要求自民党总裁安倍"不要逃避"，同野田一对一进行党首辩论。

"铁腕夫人"活跃在日本大选前线

日本大选即将于12月16日揭晓，自民党的得票数遥遥领先，50岁的安倍昭惠极有可能再次成为日本第一夫人。6年前，号称二战后日本最年轻首相的安倍晋三任期未满一年就因病辞职。此后，安倍昭惠曾愧疚地说，"是我没有照顾好丈夫的身体，我是一个不及格的首相夫人。"此刻，她正在帮助夫君辛苦大选。

作为自民党总裁，安倍晋三现在只能去党内选定的重点选举区进行街头演说，声援候选人。于是，安倍昭惠就主动请缨，前往那些小选区进行演说。曾经在山口县广播局担任过主持人的她，口才好的那真是没话说。有消息称，安倍昭惠已经找人商量要重新装修首相官邸的浴室了，同时准备随夫出访的外交日程。

从演艺界嫁入政治界的水野真纪（原众议院议员后藤田正纯的妻子）同样夺人眼球。42岁的她芙蓉面、秋水眼，曾是资生堂化妆品的代言人。2011年6月，后藤田和一名银座陪酒女郎搞"地下情"被一家周刊抓了"现行"，大批支持他的女选民愤而离去。最终帮助后藤田走出政治泥潭的则是被他背叛过的妻子。

12月上旬，水野真纪在德岛3区陪同丈夫进行选举演说。在丈夫说完后，水野真纪拿起了麦克风，"一年前，丈夫的丑事被曝光，让在座的各位丢脸了，真对不起！不管怎么说，他是家乡父老花费了12

年心血培养起来的政治家，这次是他第 5 次的竞选机会，希望大家能够再次给予我们力量，谢谢大家，拜托了。"

水野真纪自揭伤疤的一番讲话，赢得了现场一片热烈掌声。当下，就有一个选民表示："在后藤田'地下情'曝光后，水野真纪立即赶到德岛跟我们解释、道歉，我们不看僧面也要看佛面，既然做妻子的都原谅他了，我们也不好意思计较了。"谁家还没点儿恼心的事儿啊。这就是日本大选中的"夫人效果"。

和水野真纪同病相怜的是日本维新会代理党首桥下彻的夫人典子。典子在家辛苦拉扯 7 个孩子，桥下彻却和陪酒女玩起了闺房"制服控"。尽管如此，在这次大选中，典子的表现还是相当的给力。在丈夫全国周游演说之际，典子镇守老家大阪 8 区，并和 7 个孩子的同学的妈妈们组成了一个"最强主妇军团"。

典子最大的本事是在丈夫最需要的时刻送上最合适的东西。桥下彻去北海道演说，她有本事在第二天就将大衣、毛衣等邮送到酒店，里面甚至还有一套专门为上电视而准备的衣服。真是无微不至。想必，典子夫人也是在通过这种方式来告诉桥下彻，你的所有行程我都尽在掌握，别想再给我搞出什么花花肠子来！

还有一个铁腕夫人就是日本自民党在这次大选里的女性"广告牌"、现任参议院议员丸川珠代。她的信念就是："我要救丈夫和自民党！"她的丈夫大塚拓比她小 2 岁，是日本一家鞋业大王家的贵公子，之前曾一度当选过众议院议员。这次，丸川珠代犯了牛脾气，说什么都要把自己的丈夫再次推上众议院议员的席位。

凡是大塚拓的演说或者集会，丸川珠代都会一同乘车参加。曾经当过朝日电视台主持人的丸川珠代总是嫌丈夫的演说词不够精彩，经常会在中途抢过丈夫手中的麦克风，自己开讲起来。每天回到家中，她也不忘记对丈夫进行一对一的专业指导，说你今天哪里哪里讲得还不错，哪里哪里讲得不好，批评中给予鼓励。

在许多时候，政治不仅仅是男人的春药，更是男人的生命。在决定政治命运或者说政治生命的大选关键时刻，能够有一位"铁腕夫人"在旁，的确可以增色不少，多捞不少选票。但是，倘若这位夫人不是柔中有刚，过于铁腕，丈夫的日子也未必好过。政治家的夫人不好做，做个政治家的好夫人就更难！

从"师奶吸金王"小泽看女性参政

在日本，参加大选的候选人能在选举中募集到多少资金，往往是决定成败的关键因素之一。日本媒体报道称，自民党的国会议员们募集到的资金是民主党人的一倍。总排行榜前 20 名中自民党占了 13 人，民主党仅为 2 人。这个时候可以看出，"老牌"自民党政治家个人资金的收集能力，远远不是民主党可以相比的。

从民主党中"出走"的小泽一郎，照样出手不凡。过去两年，他在募集资金数量上曾连续排名第一，2012 年他虽然因被起诉等原因退居第二，但也募集到了惊人的 2.329 亿日元，仅比第一名德田毅少 2000 万日元。对一个官司缠身的人来说，他的实力可说是不减反增。当然，他本身也是出身于自民党的。

小泽一郎的"吸金"能力这么强，与他的资金管理组织"陆山会"是分不开的。《读卖新闻》报道称，"陆山会"与小泽的岩手总支部一起，为小泽募集到了 1.7241 亿日元。另一个有趣的数据是，捐款达 100 万日元以上的主妇等就有 109 人。

确实，这几年小泽一郎与女性的故事一直被媒体津津乐道。2012 年 5 月中旬，《文春周刊》曝出他曾与一名电视主播有染并生下一子。后来又传出他与"小泽女孩军团"中的主要干将青木爱在酒店私会。本次大选，小泽一郎的专职司机，年仅 26 岁的北出美翔也被他推到选民的面前。各大媒体每逢小泽的这些故事，总是要大做一番文章。

小泽一郎其实是非常不招"大媒体"们待见的。曾经有一名主妇问他："小泽老师，为什么报纸、网络上刊登的您的照片都是面无表情、有点生气的样子呢？"他回答："那是因为'大媒体'都不喜欢我，故意要丑化我的形象。"

尽管在"陆山会事件"中，媒体清一色地选择站在反小泽的立场上，但这仍无法阻止主妇们对他的支持和喜爱。时事通讯社曾采访过两名向陆山会捐款超过 100 万日元的主妇，她们反而表示就是因为看了这些报道，认为小泽一郎非常可怜，在这个时候最是需要钱。

有人会问了，小泽一郎到底为什么如此受"师奶"们欢迎呢？小泽曾经的秘书、在"陆山会事件"中为他挡去一切罪名的石川知裕曾证明说，小泽一郎对男性非常严厉，对女性却十分和蔼。他眯起小眼睛温柔地笑着的时候，恐怕没有哪个女性会认为他是个坏人。

另一个原因就是小泽一郎推举的美女议员——"小泽女孩军团"们了。日本政坛利用"美女竞选"提高人气的已经有了三代人。开创者是 2005 年的前首相小泉纯一郎，他支持了 83 名年轻的"小泉宝宝"男女新人当选。第二代就是小泽一郎，2009 年大选时他成功地让 26 名美女进入国会。2010 年他甚至将奥运冠军、柔道名将谷亮子也吸引了进来。最后一个后继者是桥下彻，他已经派出了写真模特等"美女刺客"参选。

这三代人有一个共通的特点，那就是不仅推举的女性候选人胜率极高，而且能带动他们自身在女性中形象的提升。小泉纯一郎曾被日本女性评选为"最性感的男人"，小泽一郎和桥下彻也有很多固定的"女性粉"。甚至有一位主妇在网上呼吁，应该为小泽专门建一个"主妇后援团"。

可以看出，主妇层已经成为了日本政坛新的选票增长点。现在日本主妇的参政意识高涨，大阪有 1000 名女性成立"全日本老太太党"，专门为争取主妇参政权益活动。虽然其中有搞笑的成分，但可以说主妇们的意识已经过了萌芽期，开始寻求协作和发展。可以说小泽一郎等政治家正是看中了这一点，推选"美女刺客"与其说是吸引男选民，不如说是找几个代表女性说话的人。

小泽一郎的这个意图，从他自愿跑到"日本未来的党"当女知事嘉田由纪子"背后的男人"上就可见一斑。小泽不但带过去很多美女议员，还在不断地开发"新鲜血液"。岩手县知事达增拓也的妻子阳子都被动员了出来，看来小泽真的是要将"师奶"这块新兴市场牢牢地占领住。

说实话，认为小泽一郎是个帅哥的女性应该不多。但他表现出的设身处地为女性着想、为女性撑腰的态度却抓住了很多女性的心。相比之下桥下彻就嫩得多了，在石原慎太郎身后屈居第二，在女性眼里看来可就不那么俊朗了。

大选前日本女性考核党首"丈夫力"

日本人会倒腾，喜欢把各种外在与内在的行为表现，用"力"来命名，例如"读书力"（读书的能力）、"婚活力"（顺利结婚的能力）、"就业力"（找工作的能力）、"终活力"（安排自己晚年丧事的能力）等等。最近，日本大选在即，又冒出来一个"丈夫力"来，"半边天"们以此检验日本政治家，用手中的票"叫板"。

如今，日本政坛"闪婚"现象凸现，今天这个政党与那个政党"合纵"了，明天又是那个政党与这个政党"连横"了，眼花缭乱，好不热闹。每个政党都把自己的竞选公约写得天花乱坠，仿佛只有自己才能"救日本"。那些手握投票权却又不懂政治的日本主妇们对此没有兴趣，反而提出要看看各个党首的"丈夫力"。

在日本女性看来，所谓的"丈夫力"也就是老公们在小家庭里的能力以及做丈夫的表现，比如"对妻子的理解度""是否协助育儿、分担家务"等等。日本主妇们的想法就是，做政治家的如果对自己的家庭和妻子都不好，又怎么能拿出对全体日本家庭和对全体日本主妇都好的政策呢？结果，她们发现了——

日本民主党党首、酗酒"老宅男"野田佳彦表现不佳，他的两个儿子基本上都是由妻子野田仁实一手带大的，以至于自己都说，"没能做好育儿爸爸，但希望能做好育儿爷爷。"看来，要想野田佳彦协助看孩子，除非等他抱孙子。日本家庭问题评论家池内广美毫不客气地点评说，"我对他的'丈夫力'表示怀疑。"

日本自民党总裁安倍晋三和妻子"玩不到一块儿"。他不能喝酒，除参加重要活动外，一般会在晚上9点左右回家。而在广告代理店工作过的昭惠属于社交型女性，还是出了名的酒豪。昭惠对此并不讳言，说"我们夫妻能够一直保持新鲜，就是因为平时生活方式不一致"。这种与妻子平等的"丈夫力"很受认可。

与自民党联手的公明党代表山口那津男，在家里真是"大男人"，只要妻子山口早苗想找他谈点事情，他就说"你不能安静一点吗？"听妻子说话，从来是左耳朵进右耳朵出。等到妻子真的发脾气了，问他："你就不能听我说一说吗？"他马上又转成笑脸说："你何必和我认真呢？"反正，他是不和老婆吵架的。

日本媒体称"暴走老头"、日本维新会代表石原慎太郎从来就是一言堂，家庭永远被其抛在脑后。石原有一种"这个家还不都靠我养着"的傲慢，在家庭里还要以石原裕次郎的哥哥、芥川奖作家自居。他在家里不是一个"好丈夫"，却是一个"好父亲"，拼命帮着不争气的儿子在政界耍，日本女性对此倒也认同。

日本维新会代理代表桥下彻的"丈夫力"也和石原一样有硬伤，把7个孩子的重担都压在妻子的肩上，自己油瓶倒了都不知道扶一把。不仅如此，还在外跟陪酒女鬼混，玩"制服控""虐恋游戏"，除了大阪的大嫂大妈们，日本其他地区的主妇都不愿意把票投给这样背叛家庭的政治家。桥下彻，高票当选，难！

众人党代表渡边喜美代的妻子很自觉，在家里从来不和丈夫谈政治问题。倒是渡边喜美代常常说，"我希望你从一个家庭主妇的角度，谈谈对我这个政策设想的看法。"对于把自己的妻子放在一个政党的"建议者"的地位，日本女性们还是很认可的，称这种"丈夫力"首先表现在对女性的尊重，有些票准备投给他。

日本未来党的"幕后黑手"、有着日本"政界破坏王"之称的小泽一郎，如今和妻子处于分居状态。妻子离家出走时不给老公留情面，向媒体透露，2011年"3·11"大地震以后，小泽一郎因为担心核辐射，一个月都不回自己的选区——岩手县。看着妻子的"造反"，评论员指出，小泽一郎的"丈夫力"有问题！

"新党大地"党首铃木宗男出狱后还未获得公民权呢，但这不影响其发挥"丈夫力"，在家里经常和妻子一起下厨房，一边聊天一边搭手做饭，长女贵子这次也在众议院大选中出马。一个男人在家里，既被妻子信任，也被女儿信赖，不容易啊！评论家指出，一个政治家若连身边人都不信任他，他还怎么取信于民？

58岁的日本共产党委员长志位和夫不仅十分清廉，还是一位公认的"爱妻家"。当年，他在东京大学读书的时候，革命生产两不误，不仅最后拿到了学位，还把恋人孝子变成了自己的妻子。在婚礼上，他十分浪漫地和妻子一起弹奏钢琴曲《幻想曲》。如今，在家里他也经常和妻子、长女一起举办"家庭音乐会"。

"新党改革"代表舛添要一在家庭里实行家务分担制。自己每天早晨起来扔垃圾、洗衣服，服从妻子指挥，就任大臣以后也是照样干。同时，升官以后还肯对妻子耳听面从。按说，这样的"丈夫力"应该不错了吧，评论家却指出，"他有离婚史，还有私生子，现在就是再怎么被说成'爱妻家'，也赢不来半点评价。"

私事，有的时候会转化成为国事的。看来日本的政治家要想守得住自己的政治生命，首先得管得住自己的情感，管住自己的下半身。相对感性强于理性的女人来说，她们参政议政，最终还是从感情出发的。既然日本的社会选举制度把选举权也交给了主妇们，日本各个政党党首的"丈夫力"也只好任其考核了。

看看日本政治中枢的右倾"大奥"

2012 年 12 月，日本自民党重新执政，安倍晋三再次登上首相宝座。在政策上，他提出截至 2020 年，要让日本社会的各个领域都有 30% 是女性占领导地位。这个政策其实早在 2003 年就有被提出，但直到最近才开始真正启动。

安倍也算是言行一致，在党内中枢和内阁里安排进 6 位女性。她们分别是日本财务副大臣小渊优子、日本特命担当大臣稻田朋美和森雅子，以及日本自民党宣传本部长小池百合子、政调会长高市早苗、总务会长野田圣子。对此，日媒政治记者评价道，"最令人难以置信的，就是安倍在党内起用了 3 名女议员做高层干部，像这样大胆的人事安排，自打自民党创立以来还是头一遭。真是创新啊！"

俗话说，"三个女人一台戏"，这几位名女性可就凑出了一部"大奥"剧。先说日本自民党里的两位女会长——政调会长高市早苗和总务会长野田圣子吧。

野田圣子是原日本建设大臣野田卯一的养女，日本政界里的"官二代"。但她这个"官二代"的身份又来得不那么地道。野田圣子的生父其实是野田卯一同小妾生的孩子，但这孩子小时候被野田卯一的岳父岛德藏收为养子，所以名叫岛稔。岛稔的女儿岛圣子为了顺利打入日本政界，就认了自己亲爷爷做养父，一跃从孙女辈"升级"到女儿辈。好在这种事情在日本是经常有的，不常有的倒是像改姓野田后的圣子那样在政坛不断"升级"的人物。此外，东京靖国神社的前身东京招魂社，其创建者大村益次郎还是野田圣子家的远亲呢。

与野田圣子相反的是，高市早苗是平民女儿，松下政经塾出身，在政界可谓是一步一个脚印地走到了今天。她政治立场保守，认为"九一八事变"后日本进行的对外侵略是"自卫战争"，反对甲级战犯分祀和建立国立追悼设施，主张外国不应干涉日本的教科书事项。另外，在自民党总裁选举中，高市早苗是安倍晋三阵营里的行动队长，野田圣子是安倍最大竞争对手石破茂阵营里的特攻队长，在夫妻别姓制度的问题上，野田圣子是赞成派，高市早苗是反对派。总之，这两个人的政治道路截然不同。

中国有句古话，叫"道不同不相为谋"。但安倍偏偏是将这样两个女人硬拧到了一块，这日子能好过吗？

再说安倍新内阁里的两个女大臣，稻田朋美和森雅子。稻田朋美在被提拔为行政改革担当大臣前，没就任过政务官，也没就任过副大臣，仅是做过三届的众议院议员。所以在内阁名单刚一出炉时，日媒就有报道称，稻田朋美的高升根本就是安倍晋三的论功行赏。因为在自民党总裁选中，稻田朋美是安倍晋三的推荐人之一。其实，稻田朋美在历史问题上，态度极为极端。她反对东京审判，支持参拜靖国神社，否认存在南京大屠杀，日本右翼制作影片《南京的真实》，稻田在记者会上大肆鼓吹侵华日军的"所谓杀人比赛完全是虚构的"。

回过头来说到森雅子，那真是厉害，仅仅做过一届的参议院议员，就一跃当上了少子化担当大臣，简直是坐着火箭飞升。可以说，两个女大臣都是"站队站对了"的人。

然而日本政治评论家浅川博忠则认为，两个人都在安倍鹰派阵营里出了名的激进，又没有业绩，在野党已经瞄准了她们，打算在接下来的大臣答辩中拿她们开炮，火烧安倍阵营。看来，两个坐火箭飞升的大臣姐妹，恐怕是要被火烧屁股的，说不定被打得屁滚尿流呢。

再说日本自民党里的"大奥女总管"小池百合子。日本政治记者安积明子透露，小池百合子其实早就做好了当政调会长的打算，以为安倍晋三肯定会把这位子留给自己。但在 2012 年 9 月的总裁选里，小池百合子临阵倒戈加入了石破茂阵营，得罪了安倍，所以被连降三级，变成了宣传本部长。值得注意的是，在政治倾向上，小池比较偏右，过去曾参拜过靖国神社。她属于自民党内鹰派人物，主张实行较为强硬的对外政策，力主修改和平宪法，强烈支持制裁朝鲜。

被比自己年轻了近 10 岁的高市早苗和野田圣子夺去了会长的位子，对在永田町游刃有余这么多年的小池百合子来说，真是凤凰落地。色衰而爱弛，看来在政治的世界里也是一个道理。

小泉纯一郎任首相期间，曾亲自挑选了数十名自民党新生代候选人，组成了被叫作"小泉的孩子"的选举队伍，在众院选里所向披靡，但最终却被民主党杀了个落花流水。

民主党的小泽一郎在 2009 年也一口气提名了多个性感美女参选众议员，史称"小泽女孩"。但这批"小泽女孩"进入国会后，不是被问责，就是被周刊爆料拍过三级片或偷情被发现等，搞得小泽一郎也跟着灰头土脸。这些孩子们在 2012 年大选中基本都落选了。

现在，安倍晋三的"大奥"里，接下来还会有什么样的剧情发展？我们拭目以待。

桥下彻因为检查文身而失女性之宠？

日本一年一度的"最理想上司"评选揭晓了。老牌名记池上彰连续两年当选为"最理想男上司"，美女明星天海祐希连续三年当选为"最理想女上司"。这些，看起来似乎并不是什么新闻，倒是近来"走红"的大阪市市长桥下彻，因为在女性群体方面得票率低，竟然被踢出了榜单前十名之事，引人注目。

桥下彻外表英俊潇洒，魅力十足。年轻时做过律师，还曾一度活跃于电视圈，因出演日本热门电视节目"大家都想去的法律事务所"成为知名人物，被30—50岁女性选为"电视人物中最帅的文化人排行榜"第一名。他和妻子婚后育有3男4女，曾获颁"最佳父亲奖"。2008年，39岁的桥下彻当选为大阪府知事，成为"日本最年轻的知事"，被日本媒体形容为"华丽转身，从明星律师到政坛骄子"。2011年年底，桥下彻以20万张选票的优势击败受到日本民主党、自民党和共产党这三个政党联合支持的平松邦夫，赢得了大阪市市长竞选。他所领导的"大阪维新会"是目前日本政坛最受关注的第三方政治力量。而桥下彻本人也已被外界看作一颗冉冉升起的政坛明星，甚至一些媒体猜测他有可能成为今后的日本首相。

这样一位年轻有为的人物身上，无疑聚集着大多数女性心目中魅力男性的优点。但是，在"最理想上司"的评选活动中，桥下彻为何没能得到众多女性的青睐呢？

从表面上看，似乎是桥下彻的一些决策影响了女性对他的印象。还在担任大阪府知事时期，桥下彻就力主制定《〈君之代〉起立条例》，规定府内公立学校在各种仪式中齐唱国歌，并要求所有教职人员必须起立齐唱。违者要面临严厉处罚。2012年3月中旬，大阪市市内129所中学举行毕业典礼时，这一规定遭到两名年老教师的抵制。桥下彻闻讯大发雷霆，认为两位老师挑战了他的权威，竟然怒斥，"这样的教师没资格当公务员！"随后，其中一人接到停职通知，成为一名因拒唱国歌遭解职的教师。

最近，桥下彻亲自挂帅成立了"公务员服务纪律刷新项目小组"，以"政府职员文身有损公务员形象"为由，对市政府所有干部职员进行文身问题大排查，要求无论男女职员，都要如实申报自己的文身情况，即便文身是在女性的胸乳或阴处，也要逐一登记。对此，有人批评这哪里是在矫正政府公务员形象，完全是以公徇私，借打击黑社会名义搜查他人隐私。

在表面上的不满背后，其实隐藏着人们更深层次的担忧。桥下彻虽有很强的决断能力和行动能力，但也表现出彻头彻尾的实用主义。他领导的"大阪维新会"提出"维新八策"，是在日本民主、自民两党日渐势衰的背景之下，借"政改革新"的名义吸引民众关注，并拉拢各党派势力，提高自身政坛影响力。不怪乎有人直言不讳地指出，桥下彻实际上做的不是改革，而是夺权斗争。

另外，桥下彻在担任大阪市府知事时期，就大幅削减对文化组织的支援，就任大阪市市长后又开始推进停止向交响乐团等文化组织发放补助金，被指责为"文化扼杀者"。但他却对兴建赌场和娱乐场所表示出极大的兴趣。这让女性们担心，如此下去，下一代人的教育会不会受影响，社会风气又会如何？

最让人们警惕的，是桥下彻具有的独裁倾向。他曾在公众场合公开鼓吹"日本政治中缺少的独裁"。就任大阪市市长后，他马上将前任市长的亲信全部赶走，还把前任市长推进的政策大都变成废纸。对于他的这些表现，自民党总裁谷垣祯一警告说："这让人联想起日本军部、希特勒和墨索里尼势力抬头时的情况。"有人为此送给他一个绰号，叫"桥西斯"（桥下彻和法西斯的合成词）。虽然也有人称谷垣祯一是在打击政治对手，但不可否认的是，桥下彻所代表的日本新生代政治势力带给日本政坛和社会的将是更大的不确定性。而这些，对于力求生活稳定的日本女性来说，是非常不愿意看到的。

一位把鸠山内阁送进坟墓的女人

在日本政界，流行着这样一句话——"权力是甜蜜的"。也就是说，无论在野党政治家高喊什么样的理想口号，一旦成为执政党的一员进入政权中枢，一旦坐上大臣这把交椅，他（她）都会抛弃过去的理想，而争取努力地在这把交椅上坐的时间长一些、再长一些。

但是，也有的人不是这样的。比如，与日本民主党联合执政的社会民主党党首福岛瑞穗。5 月 30 日，当日本首相鸠山由纪夫宣布位于冲绳普天间的美军机场无法按照他竞选前承诺的那样搬迁到冲绳县外的决定以后，54 岁的福岛瑞穗愤怒至极，拍案而起，她认为这不仅是一种对政治承诺的背叛，更是对冲绳县民的背叛，然后毅然决定脱离联合政府，不再担任负责消费者行政、少子化对策的担当大臣，把自己的队伍拉了出去。这样，3 天以后，也就是 6 月 2 日，鸠山由纪夫不得不宣布辞去首相的职务。一个存在了 260 多天的政权，就因为福岛瑞穗的辞职不得不重新"换马"了。

对于福岛瑞穗的此举，坊间舆情评价是不尽相同的。有人称赞福岛瑞穗坚持政治理想，有人认为她在作"秀"，有人肯定她不眷恋权位，有人认为她不顾大局，"一颗老鼠屎，坏了一锅汤"。这里，笔者想暂时搁置这些评论，从福岛瑞穗的生活轨迹去寻找一种答案。

福岛瑞穗出生在日本宫崎县延冈市，在"女儿红"的那一年——18 岁，考上了东京大学法学系。在这所著名的高等学府里面，她不仅成就了自己的学业，还遇到和自己非常有缘分的人——现在的丈夫、日本律师联合会事务总长海渡雄一。

福岛瑞穗与丈夫是否算一见钟情，只有他们自己心知肚明。但是，他们的确是在开学式的当天就相识了，两人还一起加入了"裁判问题研究会"学习小组。当时，福岛瑞穗在大学里面很有人气，希望做"护花使者"的候选人并不缺少。在大学二年级的学校文化节期间，福岛瑞穗和海渡雄一共同筹划了一场"思考男女平等研讨会"，从此两个人的关系急速发展起来。

大学三年级的时候，福岛瑞穗与海渡雄一作为恋友开始正式交往。两人锁定了未来共同的目标——做律师，倾力相助，倾情相帮。海渡雄一的应试能力可能更强一些，在校期间就通过日本颇有难度的司法考试。

从东京大学毕业后，海渡雄一作为司法实习生在茨城县水户市开始了新的生活。福岛瑞穗也尾随而来，在距离海渡雄一住所只有5分钟的地方另外租了一间房子，一方面继续拼命学习，一方面过起了"半同居"的生活。

海渡雄一显示出了一个男人的大爱。当时，福岛瑞穗几乎把全部精力都投入司法考试的备考之中，而作为司法实习生的海渡雄一，无论自己每天工作有多么的繁忙，都还是把所有的家务承担了起来，以便让福岛瑞穗能够安心学习。

成功女人的背后同样有一个男人。1984年，福岛瑞穗第5次挑战司法考试，终获成功。此时，福岛瑞穗已经28岁了。令人羡慕的是，她没有经历"十年寒窗无人问"的生活，而是在爱人的陪伴下，踏上了"十年磨一剑"的新台阶。

两年以后，福岛瑞穗与海渡雄一爱情的结晶——长女诞生了。这个时候，福岛瑞穗再次选择与世俗相反的生活道路——不把自己的户籍加入到丈夫之家，过起了一种"事实婚"的生活。按照日本社会的习俗，一般女性嫁给男人以后，就要改随丈夫家的姓。但是，福岛瑞穗最不想改变的就是自己的姓氏。多少年后，福岛瑞穗在接受媒体采访时曾经披露了自己的心情："海渡雄一已经在我之前当上律师了，我也想成为律师，而不想总是被人称为'海渡雄一老师的夫人'，我不喜欢这样的称呼。"由此，可以感受到福岛瑞穗对"男女平等"的一种孜孜追求。

其实，福岛瑞穗对"男女平等"的追求并不仅仅表现在姓氏方面，日常家庭生活中也可以看到。比如，在女儿出生后不久，海渡雄一提出"我作为律师，工作非常繁忙，希望能够减少一些做家务的负担"。福岛瑞穗听后非常生气，毫不客气地在丈夫的工作日程笔记本上逐一填写"今天你去幼儿园接送小孩"的日期。

海渡雄一是一个善于做家务的男人。在到东京大学读书之前，母亲为了让他能够独立地生活，教会了他如何烹饪菜肴。因此，他在做饭方面着实有一手。福岛瑞穗就不同了，基本上不会做饭。海渡雄一曾经披露："当时，她做饭的手艺很差，怎样切大葱都是我教给她的。"不过，分工不同，家里洗衣服的活都是福岛瑞穗干的。现在，福岛瑞穗还是在学习做饭，偶尔休息的时候，还会专门为丈夫做咖喱饭、炖菜、猪肉酱汤等等。

坚持倡导男女平等的福岛瑞穗，唯一在女儿的户籍问题上头痛无奈。日本法律规定，男女在没有婚姻关系下生的小孩，要跟随母亲的户籍，并且注明"非嫡出"，也就是"非婚子"。这样被注明的人，未来在婚姻、就业等方面常常受到歧视。福岛瑞穗在做律师的时代，就希望法律首先不歧视婚外恋的孩子，并为修改这样的法律而付出大量的努力。

这个时候，还要看海渡雄一的男人本色。他对福岛瑞穗说："只要你什么时候想递交婚姻申请，说一声后，我都会随时办理的。"现在，他们的女儿已经跟随父姓了，这是孩子在上幼儿园前自己的选择，并且通过家庭法院办理了必要的姓氏更换手续。

就是这样，福岛瑞穗在丈夫和女儿的支持下，站在男女平权主义的立场上，以一位著名律师的身份经常出现在日本的电视、杂志等媒体上，对于性骚扰、夫妻别姓、非婚子歧视、劳动问题等等积极阐述着自己的看法。

1998年，在原社会党党首土井多贺子的劝导下，福岛瑞穗投身参加日本参议院大选，第一次就获得成功。她也因此被称为一个要贯彻自己意志的"战斗女人"。

当然，福岛瑞穗如今能够成为一位"战斗女人"，与她家庭成长背景也是有关的。她的少年时代，三世同堂，妈妈每天都要耐心倾听在银行工作的丈夫唠叨自己的工作，然后还要对付并不喜欢她的婆婆，有人这样介绍说，福岛的奶奶对她的母亲非常不好，她母亲却不能够有任何反抗，对丈夫更是不能顶嘴。福岛瑞穗就是在目睹着这样的婆媳关系、夫妻关系的压抑环境中成长起来的。她不肯再走母亲走过的道路。每当母亲劝她结婚的时候，她就会反问母亲："你觉得结婚真的就幸福吗？"1995年8月，福岛瑞穗在接受日本《妇人画报》采访时曾经表示，"我亲眼看到过没有硝烟的婆媳战争，因此，我渴望创造一种完全没有战争的家庭。有的时候，我甚至想为自己的母亲报仇。"

尽管如此，福岛瑞穗并不因此而否定家庭，她只是希望创造一个不是通过法律手续来维系的家庭，希望构筑一个用情感纽带凝聚起来的家庭。在他们夫妇俩单独相处的时候，福岛瑞穗把丈夫叫作"海渡哥"，丈夫则亲昵地把她叫作"瑞穗妹"。

如今，正在一所大学的大学院读书的福岛瑞穗的长女，正在走父母们曾经走过的道路——积极准备参加司法考试。得知母亲工作疲劳的消息以后，她也会用手机发短信鼓励母亲——"加油！"

福岛瑞穗投身政界以后曾有如此感慨："在权力斗争的世界里面，想想自己还有一个温馨家庭，真的很幸福。"

现在，因为福岛瑞穗脱离联合政权，日本社会民主党也再次沦为在野党了。此时此刻，福岛瑞穗要率领这个在野党采取新的行动了，结果如何尚不可知，但她的丈夫和女儿肯定会再次与她站在一起。这，也是一种幸福。

回望福岛瑞穗的生活轨迹，对于她为了坚持政治理念而不惜脱离鸠山联合政权的举动，或许可以多了一份理解。在这个世界上，信念比黄金更重要。

日本女右翼诬华人为"潜在间谍"

日本右翼政治评论人樱井良子这两天以一个耸动的说法吸引了一些人的眼球。在最新发行的畅销半月刊 *SAPIO* 上，樱井良子声称，中国可能利用新颁布的《国防动员法》"命令"在日中国人"从事恐怖活动"。此言论 2010 年 12 月 1 日在日本互联网上出现后，引起日本网民的附和。上海学者王少普在接受《环球时报》采访时表示，日本右翼的极端民族主义言行，伤害的不仅是在日华人的感情，也伤害了日本自己的利益。

以"自由传媒人"身份在日本社会招摇的樱井良子称得上是一个"反华传媒人"。樱井良子 1945 年 10 月出生在越南，出生后不久就随父母回到日本。她曾担任美国一家报纸的驻东京记者，从 1980 年起出任日本电视台一档重要新闻节目的主持人，成为日本家喻户晓的人物。迄今为止，她在《周刊新潮》上先后发表了 430 多篇专栏文章，其中大多数是指责中国的，她还曾撰写了《异形大国：中国》等攻击中国的书。

这次，樱井良子在文章中称，2010 年 10 月 26 日，在日本参议院外交防卫委员会上，自民党籍参议员针对中国 7 月开始实施的《国防动员法》提出了质询。他们认为，中国的《国防动员法》也适用于在海外的中国人以及在外企的中国人。一旦"有事"，他们将在中国国务院和中央军委的共同领导下开展活动。樱井良子说，目前，在日本的中国人已经有 68 万之多。在"有事"的时候，中国政府是否会"命令"他们从事间谍、恐怖、骚乱等活动还是一个未知数。需要记住的是，日本存在着一个可能对日本采取敌对行动的 68 万人，而日本自卫队则仅有约 23 万人，他们的人数是日本自卫队的 3 倍。樱井煽动说，"现在的日本与曾经遭遇列强侵略的中国清朝末期非常相似，我们必须注意中国各种不可理喻的行动原则。"

日本右翼网站 2CH 等转载樱井良子的上述言论后，日本很多网民留下了"要监视在日中国人！好比美国对居住其国内的伊拉克人一样，不逮捕到监狱，但一定要有所限制""把中国人赶出日本"等极端言论。也有日本网民指出，"樱井的意见'极右'，不能相信""樱井和在特会一样只会造谣"。

对于樱井良子的这番言论，日本华人社会都认为她是在"作秀"。在日本《朝日新闻》连续9年拥有专栏的知名华人作家莫邦富对《环球时报》记者说，"樱井良子是一个不择手段、不顾事实、不管未来，喜欢'强奸'中日关系的传媒人。最近，我主持了一场有关中日关系的讲演会，参加的日本企业有1000多家。由此可见真正关心中日关系的日本经济界人士是绝对不会相信樱井良子这番话的。"

日本媒体近来经常出现一些类似的报道。日籍华人联谊会会长皆川美希告诉《环球时报》记者，不久前，日本《周刊信使》杂志称，现在日本有3万多中国间谍，《大众周刊》称，在钓鱼岛撞船事件发生以后，中国派出在日本的情报人员，把旧书店里面关于写有钓鱼岛是日本领土的书籍都买走了。樱井良子曾经做过16年的电视主持人，现在却很少有日本电视台邀请她，这是最有说服力的，对于一个被日本主流媒体摈弃的传媒人，我们也不必理睬。

上海交通大学日本研究中心主任王少普认为，污蔑华人为间谍的论调并不少见，欧美一些别有用心者也喜欢使用此招。中日民间交流历史悠久，两国侨民为所在国的发展做出了不少重要贡献。日本要谋求发展，必须提高国际化程度，否则发展困难。

从日本女性的追求看中国企业文化

多少年来，都是"日本企业文化"为人们津津乐道，甚至赞不绝口。不曾料到，日本共同社1月14日一篇题为"日本女性看重中国企业文化尝试赴华发展"的报道，把"中国企业文化"的话题拎了出来，给了人们一个重新检视、重新认识"中国企业文化"的机会。

共同社的报道指出，一些日本女性意识转变，不甘在国内平庸地生活下去，希望生活不断出现新机，希望自己能够创造新机。这样，她们来到中国大陆的企业，结果是有的不但活跃在企业销售的第一线，同时还担负起打通与中国政界和经济界人脉关系的重担。这样的日本女员工说："在日本，我决不可能获此重任。"从这里可以看出，"中国企业文化"不是一种排外的企业文化，它具有很大的包容性、宽容性、融合性。相比之下，日本企业尽管多年来倡导"国际化"，但对外国员工的任用总有一堵看不见的墙，或者是让人感到提拔无望，或者让人感到即使升迁也有一定的界限，或者让人感到那种潜在深处的"排外意识"。正如有的评论家指出的，"日本企业文化"的深层是一种"村文化"，它从根本上来说是排外的。

共同社的报道还指出，一些日本女性离开日本国内的企业，不惜从零做起。推动她们做出这一选择的理由很多，其中包括：日本许多企业仍墨守成规，不把女性看作战斗力；在经济不景气的形势下，招工时的性别歧视愈演愈烈……为此，她们选择了中国。从这些日本女性的选择，人们不仅应该看到"日本企业文化"与"中国企业文化"的区别所在，还应该意识到这也是"中国企业文化"的竞争力之一。在日本，有经济上"失去的十年""失去的二十年"之说，这里面尽管有许多经济政策的原因，但也不能排除"日本企业文化"无法与时俱进的原因。"中国企业文化"的"活"——一种"活性"，给中国企业乃至社会带来了新的"活力"。

共同社的报道指出，还有很多日本女性向往着创业。她们尽管已经意识到这种创业会有很大的风险，如果在中国选错合作伙伴还会受伤，但是仍然选择了中国企业。也就是说，她们进入中国企业，不仅仅是为求生存获温饱，更重要的目标是想发挥潜能，谋求发展，成就事业，创造财富。为此，她们不惧风险。那么，从这个意义上讲，"中国企业文化"又可以看作是一种创业的企业文化。相比之下，尽管日本是市场经济的资本主义国家，但它独具的特性，让其企业文化具有浓厚的"守成"成分，压抑了个人的创业意愿，让许多人无法舒展自身的抱负。时代变了，市场变了，职场也变了。如果中国不仅仅是从视觉上满足乃至于陶醉这种"变",而是从这种"变"中对比、挖掘、拓展出真正的不同之处,势必能够进一步提升自身的发展素质与速度。

日本女性纷纷赴华打拼究竟为哪般?

39岁的长岛芳惠曾在一家日本大型电机厂家工作,但糟糕的工作氛围让她厌烦。一方面,动不动就被说成"女人家家的",好像做什么事都不被看好;而另一方面,一旦工作上有了成绩,得到上司赏识,又会招来男同事的妒忌。终于,长岛下定决心辞了工作,背上行囊飞离日本来到中国上海。在上海,她先后供职于多家公司,不仅活跃在销售第一线,还凭借丰富的人脉,担当起公司的重任,事业发展蒸蒸日上。

30多年前,当中国的大门逐渐敞开时,曾有大批中国人远赴东瀛,或是留学,求取先进的科学知识,或是打工,挣得一份高额的收入。30年过后,中国的GDP不仅超越了日本,也出现了大量日本人来到中国就职谋生的现象。据悉,像长岛芳惠这样在上海奋斗的日本女性有一大群人。她们为了实现自我,不惜从零做起,在艰苦条件下摸爬滚打,甚至拿着低于日本工资的月薪,加班到深夜……

在人们的印象当中,日本女性成人后就应该结婚生子,然后辞去工作在家中相夫教子。那么,是什么让这些日本女性放弃原本舒适的生活和熟悉的环境,甘愿踏上异国他乡的土地,去冒险打拼生活呢?

20世纪经济泡沫破裂后,日本的经济陷入衰退,而这直接影响到每个家庭的经济收入。为了应对日益紧张的生活压力,以往"顾家"的日本女性不得不外出工作,贴补家用。同时,随着受教育程度的不断提高,固守传统的日本女性越来越少。大批知识女性崇尚自由独立的生活,不希望婚后陷入琐碎的家庭事务,更不希望由于经济原因而被对方束缚住自己。因此,即便结婚生子,她们也照样在外工作。

如果说，是经济原因让温柔的日本女性走出家门。那么，将她们"逼"出国门的则是日本企业里普遍存在的用人体制。一项调查显示，世界 500 强企业中，女性高管所占比例通常为 13.5%。而在日本上市公司中，女性高管所占的比例仅微微高于 1%。而另一项调查表明，尽管 97% 的日本企业承认"积极起用女性很重要"，但真正提拔女性到高层管理职位的单位屈指可数。人数最多的科长级，女性人数也仅占 5% 左右。虽然日本政府计划在 2020 年前把女性高层管理职位比例提高至 30%。不过，大多数日本企业似乎对这一目标"不感冒"。在经济不景气的形势下，企业招工时的性别歧视愈演愈烈。

实际上，在世界范围的现代企业当中，女性作用越来越突出。女性因其"细腻、感性"的特点，能够把细致管理和售后服务等常规性工作做得很好。女性担任经理的企业，其社会责任感更强，从而可以得到更广泛的认可。甚至有一项研究发现，公司管理层中的女性越多，公司股价在 2008 年的金融风暴中的跌幅就越小。这是因为，女性管理者厌恶风险，更重视长期前景。女性经理比例较高似乎可以平衡男同事的冒险行为。这就不得不让人们检讨日本的企业文化。曾几何时，日本企业以其优异的企业文化为自豪。而这些文化确实给日本企业带来了可观的经济收益，大大提升了日本企业的国际竞争力。然而如今，在女性作用越来越突出的大趋势下，许多日本企业墨守成规，不把女性看作战斗力。因此，可以说，僵化了的日本企业文化不仅桎梏了本国女性，也制约了生产力的发展，降低了其国际竞争能力。而这，何尝不是日本经济陷入低迷的原因呢？

追寻日本女性曾在上海卖身的往事

清末民初的陈伯熙编过一本《上海轶事大观》。我手里这本是上海书店 2000 年 6 月作为"民国史料笔记丛刊"出版的。其中有"东洋茶室"这样一个条目，我先把它抄录下来——

当光绪初年，外白渡桥有所谓三盛楼者，东洋茶室也。执役其中者均为彼邦二八妖姬，六寸圆趺不加束缚，高髻盘云，粉装替雪，亦觉别饶风韵。入其中者纳资一二角，则春浮螺碧，板拍牙红，索笑调情，了无愠意，若输英蚨二翼，不难真个销魂。故少年寻芳者趋之若鹜，继遍设英、法各租界，迨后彼邦国力日臻强盛，不欲留此污点于海外，由领事强迫回籍，前度刘郎不免有人面桃花之感矣。

短短170多字，也许现在的年轻人已经看不太懂了。这时，我突然想起20世纪70年代在中学读书的时候，中国引进了一部日本电影名叫《望乡》。家里照例搞到几张票子，可是家中父亲却反常了，不像以往那样放行，而是发出"禁足令"，说是里面的内容"不适合中学生看"。天啊，越是不适合中学生看的电影，中学生不越是要看嘛。眼睁睁地看着那几张票子在家作废了，我心里那个气呀，"敢怒不敢言"。于是，我这个中学生就开动脑筋想办法，现在已经忘了是通过什么办法很快搞到了一张票子，居然进入电影院了。当时，懵懵懂懂地并没有完全看明白，只知道这是一部反映日本妓女在南洋遭遇的电影，只记住了那个曾经的妓女"阿崎婆"，还有栗原小卷扮演的那个漂亮的女记者。说实话，"阿崎婆"的故事当初并没有给我留下什么深刻的感觉，反而觉得父亲"多事"，"没有什么嘛"！而栗原小卷在相当一个时段里都是我的"梦中情人"，是我后来谈恋爱要找的"标本"。此话打住。

后来，在日本读了日语原版的《山打根第八号妓院》，才知道电影《望乡》就是据此改编的，才知道不仅仅是战争时期，早从日本江户幕府末年到明治时期直至第一次世界大战结束的大正中期，日本就有不少年轻妇女背井离乡，漂泊到海外卖身谋生，她们的足迹北至俄国的西伯利亚、中国大陆，南到东南亚各国，甚至有人到达印度、非洲。可是，我一直都没有看到有关日本妓女在中国卖身的资料。

这次看到了。就是开篇抄录的那段文字。时间，大清王朝的"光绪初年"，也就是日本的明治年间。地点，上海外白渡桥。花小钱，芳龄16岁左右的日本妓女可以给中国人吹拉弹唱，"索笑调情"，多花几个钱，这些日本妓女可以给中国人"真个销魂"。中国上海的纨绔少年们当时"寻芳者趋之若鹜"。后来，日本渐渐强大起来了，"不欲留此污点于海外，由领事强迫回籍"，于是这边的"五陵少年"们发出了"人面不知何处去，桃花依旧笑春风"的颓废却也有深情的感慨。

据说，日本今天一万日元大票上的人物福泽谕吉说过这样的名言："日本对付亚洲有两种武器，一是枪，二是娘子军。"我要声明，我没有从福泽谕吉的原著上看到过这句话，那么著名的启蒙思想家，能够讲出这么没有廉耻的话吗？即使有想法，也不能说出来呀。我还是存疑的。

曾在上海做谍报工作的日本人高桥谦在《中国时事》一书里面有这样的描述：明治19年（1886年，光绪十一年），日本邦人定居上海的有700人左右，除了邮船支店、三井物产支店、乐善堂药店和两三家杂货铺之外，过半数是娼妓馆。她们的生活来源支柱就是皮肉生意，还带动了周边饮食、旅馆、杂货业的繁荣。

第一次世界大战后，大概因为"国力日臻强盛"，日本政府一度下决心推行废娼令，但效果和影响并不理想。一则是海外妓女遍地开花，日本政府鞭长莫及；二则是日本对废娼后的新生政策没有作出任何实质性的安排。海外妓女"从良"后究竟如何生活，这个最关键的问题成为空文，即使领事们带回国一些妓女，这种废娼令也难见成效。

还有这样的故事。在日本败战后的上海，一群日本妓女如热锅上的蚂蚁，她们卷着金银珠宝，却不知道路在何方。她们坐在人力车上，任凭车夫在上海马路上四处游逛，到夜深人静，车夫已经精疲力竭，而日本女人脑海里依旧一片空白。最后车夫问："妹妹，你到底要去何方？"日本女人回答："妹妹无处可去，只请哥哥收留。"同是天涯沦落人，车夫生活在大上海社会的最底层，谋求温饱尚是问题，天上突然掉下个有钱有貌的妹妹，此等好事何乐而不为？于是乎，双双钻进车夫在黄浦江边搭的破茅屋。翻阅 1945 年日本败战后的上海旧报纸，这类的"喜剧"故事随处可见。

说到这里，我想给中国电影界的"大腕"导演们提一个建议：不要只拍摄类似"南京大屠杀"题材的电影，戕害我中华民族的血淋淋往事，让中国人感到惨不忍睹，心里也堵得慌。可以适当拍一些日本近现代历史上女性到海外、到中国从事皮肉生意题材的电影，一方面让中国人的知识层面更丰富一些，另一方面也加深认识我们领袖们的结论："日本人民也是军国主义的受害者。"

第六辑

日本情色服务中的女性

女高中生渐成日本色情服务主角

日本的风俗业世界闻名，提供的服务内容也五花八门，不断翻新。近两三年，由于经济持续低迷，经常流连于花街柳巷的日本男人们压力越来越大，口味也开始重起来。很多传统的风俗项目已经不能满足他们的要求，青春年少的女高中生开始成为色情服务的主角。

由未成年女高中生提供色情服务的"JK"风俗店，如雨后春笋一般发展势头迅猛，大有席卷日本全国之势。"JK"成为女高中生的第一个字母的略称。"JK"风俗店是指女高中生们分别在单间里给顾客"按摩"，如果客人再支付附加费用的话，女高中生可以向客人提供陪睡等服务的店铺。

近日，日本警察厅已经向全国警方发出指示，要求他们掌握此类店铺的实际情况，彻底取缔用高薪诱惑未成年少女并让她们从事色情服务等违法犯罪活动。东京警视厅已经开展集中清理，打击在都内被称为"JK"类型的风俗店。日前，东京警视厅以让未成年少女在有害场所工作的劳动法为由，搜查了都内的17家"JK"店铺。

据日本警察厅的统计，近两三年里，"JK"店铺不断增加，仅东京都内被确认的就大约有80家，此外，还广泛分布在大阪、爱知县、福冈县等全国主要城市。

此外，一些传统的陪酒场所也开始模仿"JK"的做法，让女高中生们身穿暴露服装接客。日本警察厅为此向全国警方追加指示，要求他们掌握类似店铺的实情，除了以违反劳动标准法的嫌疑进行打击以外，还要彻底取缔用优厚条件诱惑少女从事色情服务等行为。

警察厅的相关负责人称，未成年的女高中生们受轻松省力、高工资等花言巧语的诱惑，蜂拥至"JK"赚钱。

据日本《产经新闻》报道，东京警视厅少年科在2013年1月搜查的各家"JK"店中，有的店里登记的女高中生的人数竟超过100人。上班时间自由、工资高，还能穿上可爱的服装……受经营者的花言巧语吸引以及朋友们之间的口口相传，女高中生们接踵而至，其中不乏名校的学生。

"喜欢聊天的人""想在短时间内多挣钱的人""平均每天可挣4500—12000日元"……被警方搜查的"JK"店网站上，登载着写有这些花言巧语的招募广告。

一名现在依然在"JK"店打工的高三女生（18岁）说，"因为可以穿漂亮的衣服，所以就去打工了。如果去餐饮店打工的话，又花时间还花体力。可是，'JK'店的话，打工的时间可以自由调整不说，来钱还快。"

东京警方在1月搜查的17家"JK"店里，共带走了115名少女。很多女高中生告诉警察，"朋友告诉我有又好玩又轻松的活，邀请我一起来的。"大部分女生被警方抓获后还满不在乎。

警方在调查中发现，"JK"店里的项目五花八门，其中还有所谓的"偷窥屋"。女高中生们身穿内衣，做出各种性感动作，隔着哈哈镜让顾客偷看。有些店铺里甚至还出现了SM等变态项目。

在一家"JK"店里从事"特别服务"的高二女生纪美（化名），是都内一所著名女校的学生。她在警方行动中被抓获后说："我家里是开公司的。以前爸妈给的零花钱基本能满足需要，但最近家里公司的效益越来越不好，零花钱也开始不够用了。一直穿漂亮衣服、用好手机，突然降格了，会被朋友瞧不起。后来，我的几个好朋友告诉我，她们都在这种店里做，不在里面做说明你不够时尚不够漂亮，所以我就来了。开始做普通项目挣的钱还够用，后来开销越来越大，就开始做起了特别项目。我从小就特别羡慕那些银座的高贵女人，在'JK'既能轻松挣钱，还能积累经验，说不定哪天我也可以成为交际名媛。"

家庭收入的减少、社会风气的恶化、价值观的扭曲，或许纪美的心声就是日本"JK"店快速风行的主要原因。

日本少女离家出走被逼"色情直播"

随着互联网的普及，"成人视频"也开始在其中大行其道。曾经在传统成人音像制品上独占鳌头的日本，不断在新领域开疆拓土，因网上视频形式多样、内容丰富深受爱好者青睐，再次牢牢确立了在这一业界的世界霸主地位。日本，真是不甘落后啊！

日本的成人视频五花八门，除了挂在网站上的视频录像，还有"杀手锏"——让人血脉贲张的"网上直播"。然而，在直播中展现各种愉悦表情、引发爱好者"性趣"的女优们，并没有表面上那么快乐，视频背后隐藏了她们很多不为人知的辛酸。最近，一位少女就在直播成人视频时突然"变脸"，大呼"救命"。

据日本《产经新闻》的报道称，2013 年 2 月，东京警视厅以涉嫌违反儿童卖春法、禁止色情法，逮捕了 3 名男子。他们控制一名 17 岁的离家出走少女，让她在网上做色情直播表演，每月牟取超过 100 万日元的暴利。日复一日的悲惨生活，终于让该少女突破忍耐极限，在网上直播中向观众发出了求救信息。

大声叫"救命"突如其来

2012 年 12 月中旬，一位和平常一样观看网上直播视频的男子，看到了一出想也没想到的"现场直播"。

应观众要求，一直在画面上做出各种色情动作的赤裸女子，这天突然在视频中大呼"救命"。接着，她又将自己的出生年月以及在东京足立区的现住所都清楚地说了出来。从她说出的出生日期推算，这位少女才 17 岁。

观看视频的男子立刻向处理网上违法案件的网警中心报告："暴力团控制监禁了一位 17 岁少女，强迫她在网上出演色情视频。"东京警视厅接到报警后马上行动，发现视频中的少女是从栃木县离家出走的高中生。当天，警察就赶到少女在视频中提到的现住所——足立区一户住宅，解救了该少女。

"离家出走后，没有可去的地方。这儿的话，可以吃上一日三餐，还有地方睡觉……"少女回答警方问话时，依然无法隐藏生活中巨大变化给自己带来的恐惧。

少女出演的网站，是一种可以一边播放视频，一边可以用文字、图画等聊天，被称为"直播聊天室"的地方。少女自己操作带有摄像头的电脑，接受观众发过来的信息等，并做出回应。

应观众的要求，该少女不断更换服装、摆出撩人姿势，还做出触摸自己性器官等猥亵动作。视频虽然平时免费向外播出，但是，如果"动作的激烈程度"超过一定界限后，每分钟就要收取 24 日元的费用。

东京警视厅少年育成科调查后判断，少女被人强制在网上出演色情视频，并以涉嫌违反儿童卖春、禁止色情法，逮捕了前成人录像（AV）制作公司职员 34 岁的柳笃、前成人录像（AV）制作公司职员 39 岁的齐藤洋和，以及 36 岁的无业人员御幡匡人。

警方从 3 人家里搜出了 13 台上传视频用的电脑、大量的水兵服等 COSPLAY 服装，以及振动按摩器等所谓的成人用品。此外，警方还在 3 人家里发现了 20 人以上的年轻女子成人视频，其中一半以上是未满 18 岁的少女。

巧遇"好心人"羊落虎口

被东京警视厅解救的少女，2012年3月从枥木县老家离家出走。此后，她找到一个名为"等待神仙"的网站。这个网站宣称，可以帮助有需要的人找到免费提供吃住的地方。她登录这个网站后，果然遇到了"好心人"——将她推入火坑的齐藤洋和。

天下没有免费的午餐。实际上，齐藤根本就不是什么善男信女。不到一个月，他就露出了狰狞面目，强迫少女出演各种色情视频，并在网上公开。2012年10月左右，齐藤在AV制作公司时期的部下柳笃买走少女单干，在自己的家里继续让少女在网上出演视频。

除了这个可怜的少女，齐藤等人还在池袋地区不断"发掘"女高中生，然后威逼利诱，让她们一步步成为色情视频的"主角"，此次警方搜查发现的大量成人视频中，就有很多其他少女的"作品"。

演出无日夜　刮骨吸髓

经常来观看少女直播视频的爱好者有近百人，每人都为此花了很多钱，而这些钱，该少女连见都没见过。

据调查人员介绍，被逮捕的3人均对所犯罪行供认不讳，他们居然厚颜无耻地称，"为了赚钱才这样干的。虽然知道她还未满18岁，但是为了生活，我们也没办法……"

被解救的少女每天吃过午饭后，一直到第二天凌晨，都在电脑前暴露自己的身体。网上虽然没有明文显示她还未满18岁，但是每天都有近百名常客来网上观看，其中还有每天看上几个小时的爱好者。

就这样，齐藤等人财源滚滚来，盈利不断增加，每月可到手100万日元以上。而少女每天除了一日三餐以外，一个星期只能拿到4000日元。

少女出演直播视频的网站，一直有几十名女性的色情视频在滚动播放。只要能上网，世界上的任何地方都可以观看到。还有不少视频被其他网站复制，在网上传播。

参与调查的警员称，"直播虽然可以停止，但录下的视频却一直被保存着。这些将如噩梦一般，伴随少女一生。最关键的是，像她这样的情况还有不少。出演色情视频的少女很多并不是出于自愿，而是由于各种原因被人控制。所以此类犯罪的出现，政府有责任，家庭有责任，社会也有责任。"

"女仆宝贝"也难振日本男性雄风

"您走好，主人！""您慢慢走，主人！"1月29日上午，日本大约30名女仆咖啡店的店员们在大阪府中央区的大阪证券交易所前向上班路上的行人问候。她们身穿飘逸的女仆装，甜美的声音响彻了商务街。

据报道，"女仆们"聚集在以"御宅街"闻名的大阪日本桥上，这样做的目的是要鼓励因经济不景气而易陷入消沉的上班族。来来往往的行人看到这番不同于往常的景象都感到吃惊，但也有人面露羞涩的微笑或是拿出照相机留念。

透过这幅近似滑稽的街头风情，可以看到其中尽管显示出具有个性色彩的创意，折射出具有商业性抓人眼球的炒作，还可以看出日本社会一些内在的变化。

近年来，伴随着经济的低迷，日本男人在公司里面有的是遇到了薪水减少的事情；有的是遇到因业务减少导致部门调整，自己被调整到了一个没有事情可做的位置；有的是面临随时可能被炒鱿鱼的处境；有的是干脆被解雇；有的是时刻担心公司破产。在这样的宏观背景下，男人那份能够"养家"的神气已经萎缩，所谓的阳刚之气自然减少。

经济陷于低谷给日本男人的"精、气、神"都带来了负面影响。"如何拯救你，日本的男人？"已经成为日本一个社会性、家庭性的课题，日本的政治家和学者们却又一时拿不出改善政策和研究对策。于是，聪明的商家推出了连锁的"女仆咖啡店"。

商家从经济的廉价入手，因为咖啡店的价格是一般日本男性白领可以接受的消费价格。然后，提供具有特色的女仆服务，在服装、称谓以及跪式服务上拉开顾客与服务员之间的心理距离，美其名曰让顾客"享受到主人的尊贵"，实际上是满足顾客那种虚荣浮夸甚至潜在扭曲的一种心理和心态，把公司和家庭里面经济的、人际的压力通过接受这种服务得到暂时释放。从"女仆咖啡"连锁店的迅速发展，再看看他们将其推销到中国台湾地区以及中国大陆部分城市受到的欢迎程度，就可以知道这个创意的确不凡，从而也看出这种"卖点"在中国大陆市场得到呼应背后显现出来的中日男性白领的一些共性。

问题在于这种"女仆咖啡服务"能否真的刺激并振作经济低迷下的日本白领的"精、气、神"？从报道上看，在街头热热闹闹的"鼓励"景象中，只有一位75岁的美发店老板三好道夫满面笑容地对媒体记者说，"有活力真好。我看见这幅情景，现在就精神抖擞了。"其他呢，则反应平平。由此可以进一步联想到篮球赛场上出现的"篮球宝贝"、沙滩排球场地上出现的"排球宝贝"以及绿茵赛场上的"足球宝贝"。这些宝贝们可以让男人的肾上腺激素有些反应，但最终的取胜还是要靠技艺的高强。因此，也可以这样说，"女仆咖啡宝贝"尽管情色满怀地给予鼓励，但最后能够提高日本男性白领士气还必须是经济的发展。归根结底还是那句话——"发展是硬道理"。

"女仆专列"引领日本旅游新潮流

到日本的中国游客，坐过"女仆专列"吗？这是日本西武铁路公司推出的一种特色列车。车上所有乘务员都是女仆装扮。乘客在车上不仅能够品尝超萌超可爱的精美美食，还可以体验到漂亮女仆服侍的美妙快感，可以邀请她们一起跳舞、合影、游戏。当然，享受这些服务的价格也不低。2010 年首趟"女仆专列"运营后，受到了极大欢迎，特别是那些 30 岁左右的单身男性。因此，西武铁路公司瞅准商机，在新年开始时又加开了第二趟这样的专列。

在日本，人们可以看到许多类似靠女孩儿招揽生意的地方。当然，这里并非指那些提供色情服务的不良场所，而只是借年轻貌美的脸蛋儿吸引顾客光顾的店铺。除了"女仆专列"，日本还有"女仆餐厅"。电视中还介绍说东京出现了最贵的泡面，一碗需要八九百日元。而价高的唯一理由就是由偶像美少女为客人加开水。

"色"而不淫，以"色"赚钱，也是日本如今的时尚之一。借日本动漫中的女仆文化，日本"女仆餐厅"遍地开花，"女仆列车"继而登场。此外，诸如 AKB48 的少女组合，也接二连三在日本各地成立。借助她们的青春活力，日本各地商家也着实赚足了腰包。同时，这些东西还被称为"酷日本文化"销往海外，吸引着无数男女老少前来日本旅游观光。

仔细想来，这种将女孩儿作招牌的商业行为，是把女性视为"生产力"的一种另样表现。在经济不景气的形势下，一些企业招聘时的性别歧视愈演愈烈，在墨守成规的日企当中，女性的聪明才智也难以充分发挥，即便能力再强也难以获得重用。在这种背景下，女性作为另一种"商品"登场了，意料之中成为了日本的"软实力"。

再想一想，今非昔比，日本的男性渐渐地"软"了下来。过去，日本男性下班后到酒馆里喝些酒，找陪酒女孩聊聊天，调节一下内心压力，第二天就再度投入到紧张的工作之中去了。而"失去的二十年"不仅造就了日本经济的低迷，也削弱了日本男性的斗志。如今，日本男性坐完"女仆专列"、吃完"女仆餐厅"，之后或许可以提振一些精气神。

不得不说那些商家啊，把这种营销手段发挥到了"极致"。据报道，"3·11"大地震后的下半年，在东京和大阪地区的一些繁华街，还出现了一种"性感居酒屋"。服务员一律身穿比基尼，不仅美乳隐约可见，更因为丁字裤外露，让来店的男顾客春心大发。而店家却美其名曰：遭受大地震的人们急需一份精神的刺激，需要"心疗"。

日本"坐"与"不坐"的女仆咖啡厅

"主人，您回来啦！"刚进门，一群清纯可爱的女仆纷纷围上来，娇声问好。就座后，轻轻摇铃，女仆就会迎上来："主人，需要什么服务吗？"点完食品送上来时，女仆还会拿出魔法棒轻轻一点："变好吃！"离开时，女仆们会簇拥到门口："请您再回家来。"作为"主人"，在此怎能不飘飘然如在梦中？

这就是日本"女仆咖啡厅"的乐趣所在。动漫中主人与女仆间的微妙关系，被搬到现实中才发现，吸引的不只是"御宅族"们。虽然这里比一般的咖啡厅贵，因为有了乖巧欢乐的女仆，人们还是趋之若鹜。在这里与女仆们谈笑、合影、做游戏等都要另行收费，但超萌的女仆们让"主人"忍不住要多和她们聊聊。

女仆咖啡厅潮流始于1998年，一群穿着女仆服装的女孩们在秋叶原的街上宣传一款游戏，结果引起极强烈的反响。从那以后，女仆咖啡厅开始在秋叶原生根发芽。到现在，女仆咖啡厅已经遍布日本各大城市，并成功进军海外。中国长沙的一家宽敞明亮的女仆咖啡厅，自开业起就惹来争议不断，被指责卖点是情色。

学人要学骨子里的东西。也许没有国人发现，日本女仆在"服侍"主人时，都不会坐下来。不仅如此，女仆们也绝对不会让主人碰，连握手都不行。如果主人们想送礼，也得经过严格检查。按理说女仆就该听主人的话，主人让坐下聊天也应该听。但是，就在这坐与不坐之间，女仆咖啡厅的性质就会发生180度的转变。

日本《风俗营业法》规定，饮食店的服务员只要在客人身边坐下，就算是"风俗营业"，必须要有执照才行。而普通的女仆咖啡厅只有饮食店执照，所以，她们绝对不能温柔地坐下来。但是，随着女仆咖啡厅越来越普及，竞争也越来越激烈。女仆们开始走上街去拉客，业内也出现了不少可以"坐"的女仆咖啡厅。

大阪日本桥是一个与东京秋叶原齐名的电器街，这里有一条"御宅路"。在这条仅长300米的路上，藏着很多没有"风俗营业"执照，却提供风俗店服务的女仆咖啡厅。经常能看到可爱的女仆在路上拉客，专门盯住那些草食的"御宅族"们，在他们身上做买卖。这些店都有另一份菜单，要等"主人"上钩才会拿出来。

一般出来拉客的女仆都很漂亮，她们会主动上前，嗲嗲地问，"要回家吗？"然后拿出一张普通的菜单。女仆咖啡店的饮料一般是500日元，食物是1000日元出头。如果"主人"同意回家，会被她们很热情地簇拥到店里。这些店大多不在路面上，而是隐藏在附近的居民楼的高楼层里，店里也算是干净明亮的。

进店坐下后，会有两名女仆迎过来，一左一右把"主人"夹坐其间。这个动作意味着此店是"黑店"，但如果"主人"反应不过来，那就只能等着挨宰了。这时，她们会拿出另一份菜单：陪聊30分钟5000日元。她们还会向"主人"解释，"30分钟之内可以做肩膀按摩，但需要奖励一杯啤酒，售价则是3000日元"。

普通的女仆咖啡厅不卖酒，再草食的"御宅"都能看出自己上了当。但日本桥当地杂志《外部御宅地图》总编武内博称，几乎所有的草食男都会碍于面子，选择留下来继续聊天。另一名女仆咖啡厅的老板也说，日本桥的大部分女仆咖啡厅一次消费只要3000日元，但经常有人来抱怨说在某些店要花到1万日元以上。

看来，想在日本找超"萌"的女仆聊天，也是需要技巧的。如何分辨一家女仆咖啡厅是不是"黑心店"，诀窍就在这些靓丽的女仆们"坐"与"不坐"之间，她们以此"打擦边球"，以此"摸高压线"，以此与法律明文"迂回作战"。如果有女仆一屁股在身边坐下，那还是"三十六计——走为上计"，赶紧逃吧！

日本女仆陪睡花钱如水仍顾客如云

男女二人共同躺在一张狭窄的床上，女子身着睡衣，露出修长的腿。在中国，这样的景象十有八九是警方扫黄打非的现场，但在日本，这却是眼下继"女仆咖啡"之后兴起的另一种合法的娱乐活动——女仆陪睡。

这项名为"Soine-ya"的服务位于秋叶原地区，"ya"意为"商店"，由此亦可见出其商业化性质。作为完全的原创，Soine-ya 的花费并不便宜。首先要交 3000 日元的会员费，然后每 20 分钟的"睡觉"服务又要花掉 3000 日元。就这样，一个晚上的花销自然可想而知。

但这些还不是全部。一些细小的短时服务同样价格不菲。比如，两人相互凝视的收费每分钟高达 1000 日元，顾客想要女人枕着他的手臂睡觉，每 3 分钟收费 1000 日元。此外，顾客枕着女人的双腿睡觉、女人为顾客按摩，收费也是 3 分钟 1000 日元。但如果角色对调提供服务，收费标准则会翻倍。

算下来，一个晚上的女仆陪睡服务，花掉六七万日元实在是稀松平常。女仆被问及"什么样的顾客出现过"时的回答"七万日元的顾客不止一两个"，也证实了这一点。是什么让顾客对女仆陪睡如此不惜重金？从市场供求的角度来看，应该说，无论已婚男人还是未婚男人都能够得到他们想要的，正是选择女仆陪睡者络绎不绝的重要原因。

男人不容易，在日本就更是如此。由于经济萧条，不仅临时工、合同工的比例增加并创下历史最高纪录，由于这样的工作不是铁饭碗，收入必然也相应减少。而为了确保婚后生活稳定且自身不至于太辛苦，许多日本女性对于男性都有年薪收入的最低要求。如以女性要求的年薪最低 300 万日元为分水岭，在日本国税厅 2012 年下半年针对 4566 万人实施的收入调查中，2011 年度仅年收入在 200 万日元以下的就有 1069 万人，占调查对象的 23.4%。鉴于工资下降的趋势仍在持续，不难得出这样的结论，因为囊中羞涩而被阻挡在婚姻殿堂的大门之外的日本男性将越来越多。

日本男人结婚难，婚后把日子过好也绝非易事。传统的日本家庭是男主外女主内。但近年来，不但外出工作的女性越来越多，因为受到劳动力市场的重视，女性职员的收入也在逐步增加。总务省近日发布的 2012 年家计调查数据显示，被调查家庭中妻子的月均收入为 59177 日元，11% 的同比增幅创下了 50 年以来的历史最高纪录，而丈夫的收入增幅仅为 0.2%。

既然已经成为支撑家庭生活的角色，日本女性必然不会再对丈夫言听计从、百依百顺。就这样，在职场辛苦打拼已是疲惫不堪的日本男性不仅从妻子手中领到的零花钱越来越少，无法像以前那样下班后去居酒屋一醉解千愁，回到家后也未必能够享受到妻子的悉心照顾，甚至还会遭遇"性冷淡"。早在 2010 年，日本无性夫妻生活的比例就已超过 40%，2012 年更是达到 41.3%，增幅虽然缓慢，但增加的趋势并未改变。

绝大多数男人的坚强的外表下，其实都藏着一颗脆弱的心，渴望被照顾被呵护。相比未婚女性择偶时赤裸裸的物质要求和妻子的无情拒绝，陪睡女仆外表清纯，满足了男人渴望新鲜的心理。至于推出的抚摸、对视、按摩、换衣服等服务项目，更是有效地让他们在花钱实现征服欲的同时，内心的压力得以释放，得到情感和心灵上的慰藉。这些都是单纯的肉体刺激无法达到的。所以，虽然价格不菲，但偶尔为之仍然在未婚男人的承受范围之内，而已婚男人再怎么辛苦，挣来的钱也很难满足妻子的花销，与其被妻子当作私房钱而自己所剩无几，倒不如自己花了，图个舒服痛快。

在这个意义上，虽然女仆陪睡实乃一场交易，甚至有情感商业化之嫌。但造成如此局面，需要好好自我反思的，或许更应当是日本女性。

图书在版编目（CIP）数据

脱下和服的大和抚子：千姿百态的日本女性/蒋丰 著. —北京：东方出版社，2014.6
ISBN 978-7-5060-7523-7

Ⅰ. ①脱…　Ⅱ. ①蒋…　Ⅲ. ①女性–研究–日本　Ⅳ. ①D443.13

中国版本图书馆 CIP 数据核字（2014）第 120947 号

脱下和服的大和抚子：千姿百态的日本女性
（TUOXIA HEFU DE DAHEFUZI：QIANZIBAITAI DE RIBEN NÜXING）

作　　者：蒋 丰
责任编辑：徐 玲　赵陈碑
出　　版：东方出版社
发　　行：人民东方出版传媒有限公司
地　　址：北京市东城区朝阳门内大街 166 号
邮政编码：100706
印　　刷：三河市金泰源印务有限公司
版　　次：2014 年 8 月第 1 版
印　　次：2014 年 8 月第 1 次印刷
印　　数：1—6 000 册
开　　本：710 毫米×960 毫米　1/16
印　　张：15.75
字　　数：217 千字
书　　号：ISBN 978-7-5060-7523-7

发行电话：(010) 64258112　64258115　64258117

www.ingramcontent.com/pod-product-compliance
Lightning Source LLC
Chambersburg PA
CBHW071854270326
41929CB00013B/2231